Anne Huth

# Gesprächskultur mit Eltern

Anne Huth

# Gesprächskultur mit Eltern

klein&groß
PraxisExpress

Beltz Verlag · Weinheim und Basel

BELTZ

**Ihre Wünsche, Kritiken und Fragen richten Sie bitte an:**
Verlagsgruppe Beltz, Verlagsbereich Frühpädagogik,
Werderstraße 10, 69469 Weinheim
oder: Anne Huth, Stormstraße 10, 41469 Neuss, www.huth-and-friends.de

ISBN 3-407-56297-7


1. Auflage 2006

06 07 08 09 10 5 4 3 2 1



Verlagsbereichsleitung: Ulrike Bazlen, Weinheim
Lektorat: Eva Killmann von Unruh, München
Herstellung: Anja Kuhne, Leipzig
Layout: Ulrike Bazlen, Weinheim, Anja Kuhne, Leipzig, Markus Schmitz, Büro für typographische Dienstleistungen, Münster
Satz: Druckhaus „Thomas Müntzer", Bad Langensalza
Druck und Bindung: Druckpartner Rübelmann GmbH, Hemsbach
Umschlaggestaltung: glas ag, Seeheim-Jugenheim
Titelabbildung und Illustrationen: Florian Mitgutsch, München
Printed in Germany

**Weitere Informationen finden Sie im Internet unter**
**www.beltz.de und www.kleinundgross.de**

# Inhalt

# Vorwort

Als Arbeitspsychologin begegne ich bei meinen Fortbildungen und Supervisionen immer wieder Leitungen und Mitarbeiterinnen von Kindertageseinrichtungen, mit denen ich ins Gespräch komme und die mir die zentralen Felder und Herausforderungen ihres Berufes schildern. Die Zusammenarbeit mit Eltern ist ein wichtiger Erfolgsfaktor für Kindertageseinrichtungen und die Gesprächskultur dabei von besonderer Bedeutung. Eltern als kompetenter Gesprächspartner zur Verfügung zu stehen und sie professionell zu beraten, wenn es um ihr Kind geht, verlangt von Erzieherinnen eine hohe Kompetenz verbunden mit einem gesunden Selbstbewusstsein.

Die Beschäftigung mit dem Thema Gesprächskultur offenbart eine Menge an psychologischen Phänomenen. Diese machen die Begegnung mit anderen so spannend, reizvoll und eben auch manchmal kompliziert. Menschen begegnen sich in ihren Rollen, doch sind sie daneben immer noch Individuum und somit verletzbar, mitfühlend, nachsichtig, eitel, fordernd, fair oder ungerecht. Gesprächskultur ist die Bühne, auf der einmal mehr, einmal weniger dramatisch ein wichtiger Teil des Kitalebens stattfindet.

Nach dem Motto: So viel Theorie wie nötig, so viel Praxis wie möglich, habe ich dieses Buch geschrieben und die zentralen Fragen und Anregungen aus der Praxis zum Thema „Gesprächskultur mit Eltern" berücksichtigt. Mein Buch soll einem gut gepackten Werkzeugkasten für die unterschiedlichsten Gesprächssituationen mit Eltern gleichen. Ich danke meinem Mann Detlef Ilskensmeier für die Kraft, die er mir während des Schreibens gegeben hat, Steffen Brokmann für wertvolle Fachgespräche zum Thema Sprache und Erik Müssener für sein stets offenes Ohr. Ich wünsche viel Spaß beim Lesen und viel Erfolg beim Einsatz Ihrer Werkzeuge!

Anne Huth
Neuss, im November 2005

# Einleitung

Eltern sind – neben ihren Kindern – die Kunden der Einrichtungen, und es gilt, sie zufrieden zu stellen. Ein Schlüssel zu zufriedenen Eltern sind gelungene Elterngespräche. Das Wort ist ein machtvolles Werkzeug. Es schafft Kontakt, kann Brücken bauen, Verständnis erleichtern, hat aber leider manchmal auch destruktive Kraft. Neben der aktuellen Gesprächssituation spielen Vorerfahrungen aller Beteiligten eine wichtige Rolle. Und auch gesellschaftliche Trends spiegeln sich in der Gesprächskultur wider.

Den Einstieg in das Thema Gesprächskultur mit Eltern bildet ein Kapitel zu Besonderheiten der Gesprächsführung in Kindertageseinrichtungen. Grundlagen zur allgemeinen Psychologie der Kommunikation stehen im Mittelpunkt des nächsten Abschnittes. Hier werden Gesetzmäßigkeiten im menschlichen Verhalten erklärt, und vor möglichen Stolperschwellen wird gewarnt.

Anschließend geht es mitten hinein in die Praxis: Zu Beginn steht jeweils eine wahre, typische Begebenheit aus einer Kindertageseinrichtung in Form eines **Fallbeispiels** bzw. eines **Interviews.** Dann folgt die **Analyse** der vorgestellten Situation. Erfolgsstrategien werden erklärt, vor möglichen Fallstricken wird gewarnt. Hierzu gibt es kurz und verständlich aufbereitet den **arbeitspsychologischen Hintergrund.** Abschließend finden sich **Checklisten**, mit denen die Vorbereitung auf bestimmte Gesprächssituationen erleichtert wird und die helfen, wichtige Aspekte zu beachten. Daneben gibt es Selbsttests, mit denen das eigene Gesprächsverhalten erfasst werden kann. An vielen Stellen werden die Leserinnen aufgefordert, selbst eine Problemlösung zu überlegen, bevor ein Vorschlag präsentiert wird.

Empfehlenswert ist es, die einleitenden Kapitel „Gespräche in Kindertageseinrichtungen“ und „Im Land der Kommunikation“ zuerst zu lesen; danach kann jeder zu den Themen springen, die aus der aktuellen Situation heraus besonders interessant erscheinen.

# Elterngespräche in Kindertageseinrichtungen

Zu welchen Anlässen, unter welchen Umständen und mit welchen Erwartungen kommen die häufigsten Gespräche zwischen Eltern und Erzieherinnen zustande? Es gibt eine Fülle an Möglichkeiten: kurze Zwischen-Tür-und-Angel-Gespräche während des Holens und Bringens der Kinder, terminierte, ausführlichere Kontakte in regelmäßigen Abständen bei Elternabenden und Entwicklungsgesprächen. Gespräche im Rahmen besonderer Anlässe wie Feiern, Großelternnachmittagen, Ausflügen oder gemeinsamen Aktionen bieten eine willkommene Ergänzung. Die Gesprächspartner lernen sich gegenseitig besser kennen und einzuschätzen, wichtige Eindrücke voneinander entstehen und der Kontakt wird gepflegt. Schwieriger wird es in Zeiten der Kritik. Sind einzelne Eltern oder größere Teile der Elternschaft unzufrieden, ist die hohe Schule der Kommunikation gefragt.

## Die Erzieherinnenperspektive

Zwischen Erzieherinnen und Eltern kommt es häufig zu kurzen Gesprächen, etwa beim Holen oder Bringen der Kinder. Sie plaudern über allgemeine Themen wie das Wetter, den letzten Urlaub, Entwicklungen in der Stadt und Gemeinde, tauschen kurze Eindrücke über die Kinder aus, die Eltern wenden sich mit Fragen und Bitten an das Team. All diese informellen Gespräche stellen wichtige Berührungspunkte zwischen Erzieherinnen und Eltern dar und prägen nicht zuletzt den Eindruck der Eltern von Engagement und Professionalität der Erzieherinnen. „Uff!", mag sich manche Erzieherin jetzt denken. „In aller Regel dauert diese Art von Gesprächen doch nur so kurz, und während der Hol- und Bringzeit herrscht im Eingangbereich jede Menge Lärm und Unruhe. Unter diesen Umständen sollen die Erzieherinnen immer ein engagiertes und professionelles Bild abgeben können?"

Bei solchen Gelegenheiten geht es nicht darum, eine Erfolgsshow für die Eltern zu präsentieren. Doch können diese kleinen und informellen Kontakte nicht hoch genug eingeschätzt werden. Auch die Eltern stehen manchmal unter Zeitdruck, wenn sie ihre Kinder holen oder bringen. Aber während dieser kurzen Zeit wird ihr Eindruck von den Erzieherinnen entscheidend geprägt, weil die Eltern in der übrigen Zeit schlicht nicht anwesend sind. Abgesehen von Festen,

Elternabenden und Entwicklungsgesprächen haben die Eltern nur während diesen kurzen Zeiten Kontakt zum Team. Und diese informellen Begegnungen prägen das alltägliche Bild, das sich die Eltern von der Einrichtung und der Arbeit der Erzieherinnen machen.

Wer zum Gespräch einlädt, hat neben der Aufgabe der Gesprächsführung (→ Kap. „Die Zügel in der Hand behalten") auch die Rolle des Gastgebers inne. Genau wie ein guter Gastgeber im Privatleben ergeben sich für die Erzieherinnen daraus einige Pflichten. Ein guter Gastgeber ist pünktlich, lässt auf keinen Fall den Gast warten. Gute Gastgeber bereiten sich auf ihren Besuch vor. Ein schlecht vorbereitetes Gespräch ist ein Problem für alle Beteiligten. Ein guter Gastgeber achtet auf eine angenehme Atmosphäre in seiner Wohnung, damit sich seine Gäste wohl fühlen. Dazu gehören auch ausreichende Sitzgelegenheiten in einer angemessenen Größe. Als Erwachsener auf Kinderstühlen sitzen zu müssen ist nicht angenehm. Zu einer angemessenen Gesprächskultur gehört es, dass der Raum, in dem das Gespräch stattfindet, die professionelle Haltung der Einrichtung widerspiegelt.

Ein guter Gastgeber sieht seinem Gast kleine menschliche Schwächen nach. Er hat zwar eine Wunschvorstellung davon, wie sich der ideale Gast verhalten sollte, ihm ist aber klar, dass sich dieser Wunsch nicht immer erfüllt. Ein guter Gastgeber widmet seine hundertprozentige Aufmerksamkeit dem Gast. Telefongespräche während des Elterngespräches anzunehmen oder sonstige Unterbrechungen zuzulassen ist unangemessen und erschwert die Konzentration.

Sicher wird es bestimmte Eltern geben, mit denen ein Gespräch leichter fällt als mit anderen. Weil sie einem persönlich sympathisch sind, weil sie konstruktiv, interessiert oder hilfsbereit handeln. Das ist menschlich. Wer sich jedoch für die Arbeit mit Menschen entscheidet, bekommt zu all den beglückenden Momenten immer auch die Anstrengungen hinzu, die schwierige Menschen mit sich bringen.

## Die Elternperspektive

Wie sehen diese Gesprächssituationen aus Sicht der Eltern aus? Drei Elternteile erzählen spontan zum Thema „Gespräche mit Erzieherinnen".

### Interview

**A. H.:** Wie erleben Sie die Gespräche mit den Erzieherinnen in Ihrer Kindertageseinrichtung?

**Frau K.:** Nett, offen und entspannt. In der Gruppe meiner Tochter habe ich mit beiden Erzieherinnen wirklich Glück. Sie haben immer ein offenes Ohr für meine Anliegen. Bei der Gruppe meines Sohnes war das damals nicht so. Bei Kritik wurde die Gruppenleitung schnell unsachlich. Das gibt es in dieser Gruppe gar nicht. Kritik kann in entspannter Atmosphäre angesprochen werden.

**Frau L.:** Grundsätzlich laufen die Gesprächskontakte sehr gut. Im Vergleich zu der Zeit, als meine älteste Tochter in der Einrichtung war, empfinde ich die Gesprächsatmosphäre aber häufig als etwas gehetzt. Die Gruppen sind größer, mehr Kinder bedeuten weniger Zeit. Aber die Erzieherinnen und auch die Leitung sind wirklich sehr professionell und bemüht.

**Frau S.:** Ich war neulich bei einem Entwicklungsgespräch für unseren Sohn dabei. Die Mühe, die sich die Erzieherinnen mit der Dokumentation der Entwicklungsschritte gegeben haben, hat mich ganz schön beeindruckt. Manchmal erlebe ich allerdings die Erzieherinnen als etwas unsicher im Umgang mit sehr fordernden Eltern. Bei mir in der Firma haben wir Schulungen zu schwierigen Kommunikationssituationen. Da scheint mir das Team manchmal noch etwas unsicher. Aber freundlich und gesprächsbereit sind die Erzieherinnen immer.

Die stärkste Motivation der Eltern ist mit Sicherheit der Wunsch nach der bestmöglichen Betreuung für ihr Kind. Sie lieben ihr Kind, und ein gutes Vertrauensverhältnis zu den Erzieherinnen ist ihnen wichtig. Darüber, wie diese beste Betreuung auszusehen hat, gibt es jedoch fast so viele unterschiedliche Vorstellungen, wie es Familien mit Kindern gibt.

## Gemeinsame Perspektive

Eine gelungene Kombination von pädagogischem, kommunikativem Wissen der Erzieherinnen, Engagement der Eltern und beiderseitiger offener Kommunikation ermöglicht eine ideale Betreuungssituation für die Kinder.

### Interview

**Mutter:** Als es in unserer Familie eine Krise gab, haben die Erzieherinnen das schnell am Verhalten unseres Sohnes gemerkt.

**Erzieherin:** Ja, Andreas wurde aggressiv, zog sich zurück; er war ganz anders, als wir ihn kannten. Das Gespräch mit den Eltern brachte Klarheit. Durch die schwere Erkrankung der Oma, die Andreas mit betreut hatte, war er stark verängstigt und reagierte verstört.

**Mutter:** Gemeinsam haben wir Strategien erarbeitet, wie der besonderen Situation von Andreas auch in der Einrichtung Rechnung getragen werden konnte. Es war mir eine wichtige Hilfe, von Profis zu hören, dass das Verhalten meines Sohnes in einer solchen Situation im Rahmen des Normalen liegt.

Auf dem Weg zu einem guten, erfolgreichen Gespräch ist schon viel erreicht, wenn beide Seiten kontakt- und kommunikationsfreudig sind. Bei allen denkbaren Konflikten ist nicht zu vergessen, dass die meisten Personen, deren Verhalten als schwierig empfunden wird, sich nicht bewusst verletzend benehmen, sondern versuchen, für die Dinge einzustehen, die ihnen richtig und wichtig erscheinen.

Bitte überlegen Sie, wie viele Ihrer Gespräche mit Eltern gut laufen und wie groß der Anteil derer ist, die wirklich schwierig sind oder scheitern. Notieren Sie prozentual Ihre Ergebnisse.

Viele Erzieherinnen leiden an einem Missverhältnis von Leistung und Lob. Angesichts der enorm knappen Kassen, lassen sich die stetig steigenden Erwartungen der Eltern nicht leicht realisieren und manchmal auch nur schwer ertragen. Deutschland liegt im europäischen Vergleich, was die öffentlichen Ausgaben pro Kind im Elementarbereich angeht, vor Spanien am Ende aller EU-Mitgliedsländer. Die Spitzenreiter Großbritannien und Italien geben beide mehr als das Doppelte aus. Auch bei der Gruppengröße liegt Deutschland weit abgeschlagen. Sind bei uns 25 oder mehr Kinder pro zwei Erzieherinnen keine Seltenheit, würden die beiden sozialpädagogischen Fachkräfte in Island oder Dänemark nur zehn bis vierzehn Kinder in ihrer Gruppe haben (Quelle: OECD). Die Bezahlung der Erzieherinnen in Deutschland ist im Vergleich niedrig und Geld für Fortbildungen denkbar knapp. Trotz dieser Situation gelingt es den deutschen Erzieherinnen erfolgreich und professionell, ihre Aufgaben zu meistern.

# Im Land der Kommunikation

Ohne Kommunikation funktioniert keine Gesellschaft. Sobald zwei Menschen sich in einem Raum befinden, kommunizieren sie miteinander. Entweder senden sie explizite, also ausdrückliche, verbale Botschaften oder sie kommunizieren auf indirekte Weise. Neben den verbalen Botschaften werden unterschwellig auch eine Menge anderer Nachrichten gesendet. Selbst das Ignorieren des anderen überbringt eine, wenn auch mehrdeutige Botschaft. Im Laufe unseres Lebens werden wir, ohne es zu merken, zu Kommunikationsexperten. Menschen lernen die Botschaften ihrer Mitmenschen zu verstehen, auch wenn diese sehr subtil, manchmal sogar widersprüchlich sind.

## Die vier Gesetze der Kommunikation

Folgende vier Gesetzmäßigkeiten bestimmen jede Kommunikation:

- **Gesetz 1:** Es gibt keine rein sachlichen Gespräche.
- **Gesetz 2:** Erst zuhören, dann den eigenen Standpunkt zum Ausdruck bringen.
- **Gesetz 3:** Nur ein Teil des Verhaltens hat mit der aktuellen Situation zu tun.
- **Gesetz 4:** Unsere momentane emotionale Verfassung hat Einfluss auf Wahrnehmung und Kommunikation. Timing ist wichtig.

### Fallbeispiel

Frau S. arbeitet halbtags bei einer Bank, und ihre vierjährige Tochter besucht einen kirchlichen Kindergarten. In der Einrichtung arbeitet ein sehr engagiertes Team, das immer wieder Aktionen für die Kinder plant. An einem Montag spricht eine Erzieherin Frau S. an: „Frau S., haben Sie nicht Lust, bei unserer Adventsbackaktion mitzumachen?“ Frau S. hat schon mehrmals solche Angebote abgelehnt, und es ist ihr unangenehm, schon wieder nein zu sagen. Doch ist sie beruflich stark eingespannt und hat auch noch nie gerne gebacken, daher lehnt sie die Einladung ab. Die Erzieherin lässt nicht so

> schnell locker: „Wissen Sie, Frau S., es gehört zum Konzept unserer Einrichtung, dass die Eltern bei bestimmten Aktionen dabei sind, und da Sie noch nie irgendwo mitgemacht haben, dachte ich ..." Frau S. unterbricht sie mit dem Hinweis, dass in der Vorweihnachtszeit für sie immer sehr viel in der Bank zu tun ist. Die Erzieherin hatte schon oft den Eindruck, als wäre Frau S. arg gestresst und hätte nicht genug Zeit für ihre Tochter. Die Mutter scheint immer gehetzt und manchmal unwirsch, wenn ihr Kind beim Abholen trödelt. Also sagt sie: „Ihrer Tochter würde es aber auch gut tun, wenn Sie mal etwas gemeinsam machen würden." Jetzt reicht es Frau S., und sie sagt: „Jetzt sind sie aber zu weit gegangen, ich lasse mir doch von Ihnen nicht unterstellen, ich hätte nicht genug Zeit für meine Tochter!" Sie lässt die verblüffte Erzieherin stehen und eilt wütend davon.

## Analyse

Die Kritik der Erzieherin hat bei Frau S. einen Abwehrmechanismus in Gang gesetzt. Sie fühlte sich unter Druck gesetzt und angegriffen. Die Erzieherin dagegen wollte weder das eine noch das andere mit diesem Gespräch erreichen. Da es manchmal schwer ist, Eltern zu gemeinsamen Aktionen zu motivieren, hatte das Team sich bei der letzten Besprechung vorgenommen, bei Absagen nicht so schnell aufzugeben. Außerdem machte die Erzieherin sich ehrlich Sorgen um die Tochter von Frau S., die unter der gestresst wirkenden Mutter zu leiden schien.

## Arbeitspsychologischer Hintergrund

Viele Erzieherinnen haben im Rahmen ihrer Aus- oder Weiterbildung das Kommunikationsmodell von Watzlawick kennen gelernt: Wann immer Menschen in Verbindung treten, spielt sich die Interaktion auf zwei Ebenen ab – auf der Sach- und auf der Beziehungsebene. Auf die Beziehungsebene wirken sich Faktoren wie Sympathie/

Antipathie, Vorurteile, innere Konflikte aus. Diese Dinge werden nicht angesprochen, zeigen sich aber im Tonfall und im Verhalten. Ist die Beziehungsebene durch unausgesprochene Störungen, z.B. gegenseitigen Kampf um Anerkennung, geprägt, so kommt es auch auf der Sachebene zu Blockaden. Missverständnisse häufen sich, Entscheidungen werden schwieriger. Störungen auf der Sachebene sind häufig verlagerte Beziehungsschwierigkeiten. Je gestörter die Beziehung, umso wichtiger ist es, erst die Störung auf der Beziehungsebene zu beseitigen, bevor der Sachaspekt unbeeinträchtigt angesprochen werden kann.

Die Erzieherin in unserem Fallbeispiel wollte zwei Dinge erreichen: die Mutter zur gemeinsamen Aktion motivieren und ihr nahe legen, sich mehr Zeit für ihre Tochter zu nehmen. Bei der Mutter war im Verlauf des Gespräches eine Störung auf der Beziehungsebene aufgetreten, die so weit ging, dass ihre Gesprächsbereitschaft beendet war: Sie wollte nicht von der Erzieherin bedrängt werden, bei der Aktion mitzumachen, und empfand deren Äußerung bezüglich ihrer Sorge für ihre Tochter als unangemessene Kritik.

Was hätte die Erzieherin anders machen können, um dies zu verhindern? Sie war mit dem Vorsatz, die Mutter zu überzeugen, in das Gespräch gegangen. Durch ihren Tonfall, aber auch ihr Beharren hatte sie der Mutter jedoch signalisiert: Dein bisheriges Verhalten ist in meinen Augen nicht in Ordnung. Du bringst dich nicht genug in der Einrichtung ein und verhältst dich deinem Kind gegenüber zu gehetzt. So ein Verhalten kann nur zu Widerständen führen. Denn: Damit ein Mensch bereit ist, sein Verhalten zu überdenken, ist eine akzeptierende Grundhaltung dem Gesprächspartner gegenüber ausschlaggebend. Fehlt diese, wird das Gegenüber mit Verteidigung oder Abwehr reagieren. Für einen guten Gesprächsverlauf ist es hilfreich, die momentane Situation des Gegenübers zu würdigen, bevor Vorschläge zur Verbesserung/Veränderung gemacht werden. So hätte die Erzieherin die Mutter eingangs fragen können, ob sie einen stressigen Tag gehabt hatte oder anklingen lassen, dass ihr bewusst ist, wie kompliziert es sein kann, Kinder und Beruf unter einen Hut zu bringen.

Gesetz 2 besagt: erst zuhören und dann den eigenen Standpunkt zum Ausdruck bringen. In dieser Geschichte hätte ein solches Verhalten der Erzieherin die Bereitschaft der Mutter erhöht, ohne Selbstverteidigung über die Adventsaktion sprechen zu können. Etwas mehr Zeit für die Beziehungsebene zu Gesprächsbeginn ist gut investiert, um sich spätere Missverständnisse zu ersparen. Es lohnt sich, darüber nachzudenken, wie Menschen reagieren, wenn sie den Eindruck haben, ihr Gegenüber habe sich vorschnell ein Bild über sie gemacht und lasse wichtige Aspekte unbeachtet. Die meisten Gesprächspartner setzen in diesem Fall alles daran, die Argumente des anderen zu widerlegen.

Den anderen da abzuholen, wo er steht, bedeutet: sich die Zeit nehmen, um zu erfahren, wie der andere eine Situation erlebt. Gesetz 1, die Achtung auf der Beziehungsebene und Gesetz 2, erst zuhören, dann selber sprechen, bringen die Reisenden durch das Abenteuerland der Kommunikation sicherer ans Ziel.

Eva Maria Leupold hat in ihrem „Handbuch der Gesprächsführung" folgende Idealform des Verhaltens in Gesprächen beschrieben:

- Die Bedürfnisse des anderen anerkennen.
- Für die eigenen Bedürfnisse die Verantwortung übernehmen. Nicht erwarten, dass andere unsere unausgesprochenen Bedürfnisse erfüllen.
- Sich bemühen, die subjektive Welt des anderen zu verstehen und seine Einstellungen und Werthaltungen zu begreifen.
- Die eigene Position in klaren Aussagen zum Ausdruck bringen.
- Den anderen respektieren.
- Sich selbst ernst nehmen und die für das eigene Wohlbefinden notwendigen Grenzen ziehen.

Was ist nun mit den Gesetzen 3 und 4? Gesetz 3 besagt, dass nur ein Teil des Verhaltens der Gesprächspartner mit der aktuellen Situation zu tun hat. Menschen haben zu den meisten Themen in ihrem Leben bereits Erfahrungen gemacht. Frau S. wird vermutlich schon häufig darüber nachgedacht haben, wie schwer und anstrengend es ist, berufstätige Mutter zu sein. Wohlmeinende Mitmenschen werden sie auch gefragt oder ungefragt mit ihren Meinungen zu diesem Thema konfrontiert haben. Wenn dann auch noch die Erzieherin unverhofft dieses Thema anspricht, könnte dies der berühmte Tropfen sein, der das Fass zum überlaufen bringt. Frau S. hat einfach eine Überdosis vom Thema „Wie-sich-eine-gute-Mutter-verhalten-muss" abbekommen. Das kann die Erzieherin nicht wissen, und es ist auch nicht ihre Schuld, erklärt jedoch die schroffe Reaktion von Frau S.

Gesetz 4 betont das Timing in der Kommunikation. Es ist besser, sich vorsichtig an ein Thema heran zu tasten, als mit dem Kopf durch die Wand zu wollen, weil eine Situation gerade günstig erscheint. Die Erzieherin hatte wenig Erfolg in ihren Bemühungen, die Mutter zum Mitmachen zu motivieren, da Frau S. momentan überlastet und gestresst ist.

## Checkliste

- **Die persönliche Perspektive akzeptieren:** Jeder Mensch hält seine eigene Sicht der Dinge für richtig und zutreffend, und das ist sein gutes Recht. Der persönliche Einfluss auf das Verhalten anderer Menschen ist begrenzt.
- **Respektvolle Grundhaltung überprüfen:** Feedback wird nur akzeptiert, wenn das Gegenüber den Eindruck hat, respektiert und nicht von oben herab belehrt oder korrigiert zu werden. Bitte vorstellen, wie man selbst gerne in der jeweiligen Situation angesprochen werden würde.
- **Schuldzuweisungen vermeiden:** Diese führt nur zu Widerständen und Blockaden im Gesprächsverlauf.
- **Nicht belehren:** Argumentation bei einer Schilderung der eigenen Beobachtungen und der gemeinsamen Suche nach Ursachen belassen.
- **Grenzen des eigenen Einflusses beachten**
- **Achtsame Formulierungen wählen:** Vorsichtige Hinweise werden gegeben, ohne Schuldzuweisungen oder ungewollte Ratschläge.
- **Emotionen managen:** Die Mühe um einen ruhigen positiven Gesprächsstil zahlt sich aus. So können Eskalationen vermieden und leichter Lösungen gefunden werden.
- **Auf Missverständnisse achten:** Entsteht der Eindruck, dass der Gesprächspartner etwas in den falschen Hals bekommt, ist es sinnvoll, zu thematisieren, dass es so nicht gemeint war, und das Missverständnis bedauern.
- **Realistische Gesprächsziele setzen:** Nicht zuviel von einem einzigen Gespräch erhoffen. Realistische Erwartungen an den eigenen Einfluss ersparen Frustrationen.

- **Auch ein Nein akzeptieren:** Das ist eine Gratwanderung, die nicht immer ganz einfach ist.
- **Timing beachten:** Erscheint der Zeitpunkt ungeeignet, oder regiert eine Person auf ein bestimmtes Thema empfindlich, schnell das Tempo reduzieren und den Druck aus dem Gespräch nehmen.

## Die fünf Phasen eines Gespräches

Geplante Gespräche bestehen in der Regel aus fünf Phasen:

- Kontaktaufnahme
- Zielbestimmung
- Argumentation
- Beschlussphase
- Abschluss

Es ist sinnvoll, keine dieser Phasen auszulassen, um Qualitätseinbußen für die Gesprächsergebnisse zu vermeiden. Um sich die Phasen leichter zu merken, kann eine Eselsbrücke dienen: Das gesamte Gespräch ist wie ein Hamburger zusammengesetzt. Und die erste und letzte Phase sind die Brötchenhälften, die das Ganze zusammen halten.

Am Anfang des Gespräches steht die **Kontaktaufnahme.** Sie hat das Ziel, ein offenes und freundliches Klima für das Gespräch zu schaffen. Psychologen haben herausgefunden, dass Beschlüsse, die in einer angenehmen Atmosphäre getroffen werden, eine höhere Chance der Umsetzung haben. Es ist also hilfreich, zu Anfang etwas Zeit und Mühe auf das Gesprächsklima zu verwenden. Darauf folgt die **Zielbestimmung.** Gemeinsam wird das Gesprächsziel festgelegt. Der Zeitrahmen wird erwähnt, damit sich beide Parteien darauf einstellen können. Und das Thema wird festgehalten. Dies erleichtert den Gesprächspartnern, den roten Faden nicht zu verlieren und schützt vor Nebenkriegsschauplätzen. Dann folgen inhaltliche **Argumentation** / Diskussion / Informationsaustausch; sie bilden die dritte Phase. In der vierten Phase werden alle Punkte, die vorher

**beschlossen** wurden, noch einmal erwähnt und zusammengefasst. So ist sichergestellt, dass kein wichtiger Punkt vergessen wird. Termine werden festgelegt und gegebenenfalls Folgegespräche vereinbart. Die letzte Phase ist der **Gesprächsabschluss.** Hier geht es in Korrespondenz zur ersten Phase noch einmal um ein positives Klima. Phase 1 und 5 bilden eine Art emotionale Einbettung der Sachdiskussion. Sie stellen den Rahmen für das Gespräch dar. Wie die Brötchenscheiben beim Hamburger sorgen diese auf die Beziehungsebene ausgerichteten Phasen dafür, dass das Gespräch auf angenehme Weise verzehrt werden kann.

## Interview ?!

Eine Mutter hat die Erzieherin, Frau E., um ein Gespräch gebeten, weil sie besorgt darüber ist, dass ihr Sohn in letzter Zeit zu aggressivem Verhalten neigt. Hier werden ausschnitthaft die Gesprächsanteile von Frau E. wiedergegeben, die die fünf Phasen verdeutlichen.

**Frau E.:** Guten Tag Frau M., schön, dass wir uns heute etwas mehr Zeit nehmen können als während des Bringens. Möchten Sie ein Wasser trinken?
*Phase 1 = Schaffung eines angenehmen Klimas*

**Frau E:** Ich habe mir die nächste Dreiviertelstunde freigehalten, damit wir in Ruhe über die Wutanfälle von Ole sprechen können. Gibt es sonst noch ein Thema, über das wir heute sprechen sollten?
*Phase 2 = Gesprächsziel, Inhalt und Dauer bestimmen*

**Frau E:** Wie sieht Oles Entwicklung aus Ihrer Sicht aus? (. .) Hier in der Kita verhält er sich ...
*Phase 3 = inhaltlicher Argumentationsaustausch*

**Frau E:** Da Oles Wutanfälle noch kein besorgniserregendes Ausmaß erreicht haben, sollten wir die Sache in den nächsten vier Wochen im Auge behalten. Es ist gut, wenn wir in Kontakt bleiben und sein Verhalten zuhause mit dem in der

Gruppe abgleichen. Anfang nächsten Monats sollten wir uns dann kurz noch einmal treffen, um das weitere Vorgehen abzusprechen.
*Phase 4 = Beschlüsse zusammenfassen und wiederholen*

**Frau E:** Ich denke, wir sind zu einem guten Ergebnis gekommen. Schön, dass der Austausch so gut klappt. Ich bin sicher, dass wir mit einer abwartenden Haltung im Moment für Ole das richtige tun. Wir sehen uns dann in vier Wochen zum nächsten Gespräch; wenn sich bis dahin etwas verändert, können wir ja spontan reagieren.
*Phase 5 = Gesprächsabschluss, freundliches Klima*

Intuitiv werden einige der vorgeschlagenen Phasen in den meisten Elterngesprächen durchlaufen. Viele Erzieherinnen wählen zu Beginn des Gespräches eine kleine Aufwärmphase und bemühen sich am Gesprächsende um einen harmonischen Abschluss. Zielbestimmung und Beschlussphase dagegen laufen eher Gefahr, übersprungen zu werden. Dies hat zur Konsequenz, dass das Risiko, vom Thema abzukommen und die Gesprächsziele nicht zu erreichen, steigt.

Welche Phasen haben Sie bisher in Ihren Elterngesprächen durchlaufen? Sind in der Vergangenheit dabei bestimmte Phasen zu kurz gekommen?

# Erfolgreiche Kommunikation mit Eltern im Kita-Alltag

Die Gesprächsführung sichern, das richtige Timing beachten, frühzeitig die für die Gesprächsführung notwendigen Informationen sammeln – all dies sind Erfolgsstrategien. Die folgenden Fallbeispiele beleuchten, wie potenzieller Stress in Gesprächssituationen vermieden werden kann, wenn bestimmte Vorgaben beachtet werden. Auch die Notwendigkeit, einmal nein zu sagen, wird behandelt. Alle Geschichten und Interviews zeigen Situationen, wie sie im regulären Arbeitsalltag entstehen können.

## Die Entwicklungsgespräche stehen ins Haus

Alle Jahre wieder finden in Kindertageseinrichtungen die Gespräche zum Entwicklungsstand der Kinder statt. In Abgrenzung zu den eher kurzen Kontakten beim Holen und Bringen der Kinder handelt es sich hier um deutlich formellere Gesprächssituationen. Es werden Termine vereinbart, und die Gespräche sind stärker strukturiert. Abgesehen von der reinen Gesprächsdauer erfordern die Entwicklungsgespräche einen nicht zu unterschätzenden Vorbereitungsaufwand.

Hier liegt häufig das größte Problem. Die Dokumentation des Entwicklungsstandes der Kinder ist in vielen Einrichtungen nicht standardisiert. Und irgendwann merkt das Team: Es ist ja schon wieder so weit, was wollen wir den Eltern denn sagen? In großer Eile und häufig in der Freizeit werden die notwendigen Vorbereitungsaufgaben erledigt. Spätestens jetzt sind alle gestresst. Doch die Gespräche haben ja noch gar nicht stattgefunden.

Frau F., Leiterin einer Kindertageseinrichtung, kennt dieses Problem nur zu gut. Im folgenden Interview schildert sie, was ihr und ihrem Team bei der positiven Bewältigung geholfen hat.

### Interview ?!

**A. H.:** Frau F., ich weiß aus der Vergangenheit, dass früher die Entwicklungsgespräche für Sie und Ihr Team eine große Belastung waren.

**Frau F.:** Das war die Hölle! Alle standen unter Druck, die Stimmung war schlecht und die Zeit drängte.

**A. H.:** Was haben Sie unternommen, damit es nicht mehr so anstrengend ist?

**Frau F.:** Es ist noch immer anstrengend, weil diese Gespräche zum normalen Alltagsgeschäft hinzukommen. Aber gute Vorbereitung hat uns geholfen, diese Anstrengung nicht größer als unbedingt notwendig werden zu lassen. Zuerst haben eine Mitarbeiterin und ich eine Fortbildung zum Thema Elterngespräche besucht. Wir haben dann für den Rest des Teams das, was für uns wichtig war, in einer Art Minifortbildung weitergegeben. Das heißt, wir waren fitter in der Gesprächsführung. Dann habe ich mich im Leitungskreis nach Methoden der Entwicklungsdokumentation umgehört. Keiner war so richtig zufrieden mit dem, was in den Einrichtungen existierte. So haben wir zu fünft eine richtig gute Methode entwickelt, die auch funktioniert. Da wir die Last auf fünf Schultern verteilen konnten, hat es gar nicht so lange gedauert. Frühzeitig hat mein Team mit diesem Dokumentationsansatz die Entwicklung der Kinder festgehalten, und als die Zeit für die Gespräche gekommen war, war nicht mehr so viel Vorarbeit nötig.

## Analyse

Das Zauberwort in diesem Fall ist „frühzeitig". Frau F. hat früh genug angefangen, sich und ihre Mitarbeiterinnen auf das Thema vorzubereiten. Frühzeitig werden nun auch die Entwicklungsschritte der Kinder das ganze Jahr über festgehalten. Außerdem hat Frau F. sowohl bei der Weitergabe der Fortbildungserkenntnisse als auch bei der gemeinsamen Erstellung der Dokumentation den Aufwand so niedrig wie möglich gehalten. Es ist unverzichtbar, dass jedes Teammitglied in der Lage ist, einen Teil der Gespräche zu führen. Wenn eine Last auf möglichst viele Schultern verteilt wird, ist sie leichter zu tragen.

## Arbeitspsychologischer Hintergrund

Gesprächsführung lässt sich lernen. Nach Kommunikationsgesetz 2 (→ Kap. „Die vier Gesetze der Kommunikation") beginnt das Gespräch mit der Frage an die Eltern, wie diese die Entwicklung ihres Kindes erlebt haben. Anschließend gilt es, die Wahrnehmung der Eltern der Wahrnehmung des Teams gegenüber zu stellen. Dabei benutzen die Erzieherinnen konkrete Beispiele, um es den Eltern zu erleichtern, die Beobachtungen nachzuvollziehen. Liegen die Wahrnehmungen weit auseinander oder erfahren die Eltern gerade, dass die Entwicklung des Kindes nicht so verläuft wie erhofft, sind Gesetz 1: Es gibt keine reinen Sachgespräche, und Gesetz 4: Vorsicht mit dem Timing, die emotionale Verfassung hat einen Einfluss auf Wahrnehmung und Kommunikation, besonders wichtig. Wehren die Eltern mögliche Probleme im ersten Moment ab oder entsteht der Eindruck, dass sie ein nicht so positives Feedback über ihr Kind als Resultat eigenen Versagens auffassen, sollte das Tempo aus dem Gespräch genommen werden. Die Eltern brauchen Zeit, sich an den Gedanken zu gewöhnen. Dabei helfen Beispiele und Vorschläge, wie Förderung und Unterstützung aussehen können. Abschließend werden die nächsten Ziele und gegebenenfalls Maßnahmen geplant. Der Gesprächsabschluss sollte, wenn irgend möglich, positiv sein, um die Beziehungsebene nicht zu belasten. Schon ein Satz wie: „Es war mir wichtig, unsere Beobachtungen mit Ihnen zu besprechen; ich denke, wir sind auf einem guten Weg, wenn wir nun vorgehen wie geplant", kann die Brisanz aus einer Gesprächssituation nehmen.

## Checkliste

- **Teampotenzial nutzen:** Jedes Teammitglied in Gesprächsführung schulen, damit die Aufgabe auf möglichst viele Personen verteilt werden kann.
- **Patenschaften einsetzen:** Weniger erfahrene Erzieherinnen trainieren ihr Gesprächsverhalten in der Anfangsphase durch Lernen am Modell erfahrener Kolleginnen.
- **Entwicklungen laufend dokumentieren**

- **Hilfreiches Dokumentationssystem erstellen/übernehmen:** Das Rad nicht neu erfinden, sondern auf bewährte Ansätze vertrauen. Unter Umständen Partnerschaften mit den Teams anderer Einrichtungen bilden, um den Entwicklungsaufwand zu minimieren.
- **Einschätzung der Eltern als Eingangsfrage formulieren:** So werden die Eltern dort abgeholt, wo sie sich befinden.
- **Bei abweichenden Wahrnehmungen Ruhe bewahren:** Für jeden Menschen stellt seine Sicht der Dinge die Realität dar. Fragen können helfen, zu verstehen, wie die Eltern zu ihrer Sicht der Dinge kommen.
- **Kommunikationsregeln beachten**
- **Richtiges Maß an klarer Aussage finden:** Das Gespräch vorsichtig beginnen, bei Bedarf klarer und deutlicher formulieren, jedoch nur langsam steigern.
- **Positiven Gesprächsabschluss finden:** Dies erhöht die Chancen der gemeinsamen Umsetzung.
- **Folgetermin vereinbaren:** Folgetermine sichern die Verbindlichkeit.

## Die Zügel in der Hand behalten – die Gesprächsführung sichern

Es hat nichts mit Machtstreben zu tun, wenn die Erzieherin die Gesprächsführung übernimmt. Sie hat die Gastgeberrolle im formellen Elterngespräch und sich wichtige Gesprächsziele, die eingelöst werden sollen, gesetzt.

## Fallbeispiel

Marisa P. erlebt ein für sie unangenehmes Gespräch mit einem sehr wortgewandten Vater. Herr S. ist Besitzer einer eigenen Firma und gewohnt, die Gesprächsführung zu übernehmen. Nachdem er sie beim letzten Termin glatt an die Wand geredet hatte, beschloss sie, auf die nächste Situation besser vorbereitet zu sein. Sie besuchte ein Seminar zum Thema und hat dort die fünf Phasen des Gespräches kennen gelernt. Dadurch wurde ihr klar, wie sie die Gesprächsführung sicherstellen kann, und dass dieser Anspruch durchaus berechtigt ist. Tatsächlich klappt das nächste Gespräch deutlich besser. Als Herr S. sie wiederholt unterbricht und das Gespräch vom Thema abzukommen droht, gelingt es ihr, den Faden wieder aufzunehmen. Marisa P. ist aufgrund ihres Wissens nicht mehr so leicht zu verunsichern. Nach dieser Unterhaltung berichtet sie stolz, dass sie nun vor Elterngesprächen, die ihr früher nicht leicht gefallen sind, keine schlaflosen Nächte mehr hat.

Bitte überlegen Sie, welche der fünf Gesprächsphasen hier ausschlaggebend ist.

### Arbeitspsychologischer Hintergrund

Die klare Zielbestimmung eines Gespräches schützt vor Nebenkriegsschauplätzen und markiert zugleich die Gesprächsführerschaft der Erzieherinnen. Diese zweite Gesprächsphase ist von entscheidender Wichtigkeit. Läuft sie gut, ist es leicht, den roten Faden nicht zu verlieren bzw. schnell wieder aufzunehmen.

## Interview

**Erzieherin:** Eingangs hatten wir uns geeinigt, über Niklas Entwicklung zu sprechen. Nun sind wir beim Vergleich der beiden Gruppen in der Kindertageseinrichtung angelangt. Ich würde gerne wieder auf das ursprüngliche Thema zurückkommen.

**Vater:** Aber ich finde das Thema wichtig! Die Bärengruppe arbeitet viel öfter im Werkraum als die Tigergruppe.

**Erzieherin:** Wenn Sie den Eindruck haben, dass da etwas nicht stimmt, sollten wir darüber sprechen. Allerdings haben wir unseren ersten Themenpunkt noch nicht abgeschlossen – und der ist mir wichtig. Anschließend können wir gerne über den Werkraum sprechen. Ist das in Ordnung?

Was tun bei Vielrednern? – Unterbrechen! Das erscheint zwar unhöflich, doch bei Vielrednern gibt es keine Alternative. Eine elegante Möglichkeit der Unterbrechung ist das Ansprechen des Gegenübers mit seinem Namen. Alle Menschen reagieren auf ihren Namen mit erhöhter Aufmerksamkeit und hören kurz auf zu sprechen, diese Pause kann dann genutzt werden, um die Gesprächsführung wieder zu übernehmen.

Themen, die im Verlaufe des Gespräches aufkommen, aber nicht zum eigentlichen Schwerpunkt gehören, werden „geparkt". Das könnte folgendermaßen formuliert werden: „Das ist ein wichtiger Punkt, aber er passt nicht ganz zu unserem ursprünglichen Thema. Wenn es Ihnen recht ist, würde ich gerne erst unser Thema abschließen und dann können wir uns diesem Punkt zuwenden." Die Frage nach der Zustimmung am Ende der Kurskorrektur verhindert, dass sich die Gesprächspartner bevormundet fühlen. Nach dem Motto: zum Menschen zart, in der Sache hart, lässt sich die Gesprächsführung in aller Regel gut sichern.

## Checkliste

- **Gesprächsführung übernehmen:** Die Gesprächsführung liegt bei der Erzieherin – sie ist Profi für die Zielerreichung.
- **Zeit zur Vorbereitung nehmen:** Gute Vorbereitung macht das Gespräch einfacher. Wer nicht weiß, wohin er will, kommt nicht an.
- **Zweite Gesprächsphase nicht übergehen:** Die zweite Phase (Zielbestimmung) im Gespräch ist besonders wichtig, weil sie die Themenorientierung der Kommunikation sicherstellt.
- **Vielredner freundlich aber hartnäckig stoppen:** Die Kommunikationspartner mit ihrem Namen ansprechen und die dadurch entstandene Pause nutzen, um die Führung wieder aufzunehmen.
- **„Themenparkplatz" nutzen:** In der Diskussion neu aufkommende Themen parken und später behandeln. Die Punkte bitte später nicht vergessen, sonst gibt es berechtigte Beschwerden und die Methode des Parkens funktioniert nicht mehr.
- **Mut zur Selbstbehauptung aufbringen:** Bei dominanten Gesprächspartnern nett, aber klar sagen, warum es sinnvoll ist, beim momentanen Thema zu bleiben, bevor der nächste Punkt an der Reihe ist.
- **Fortbildungsplanung beachten:** Sind einige Teammitglieder noch unerfahren auf dem Gebiet der Gesprächsführung, macht es Sinn, eine Fortbildung anzubieten.

## Zur falschen Zeit am falschen Ort … – wenn Eltern wichtige Themen zu einem ungünstigen Zeitpunkt erörtern wollen

Die Herausbildung einer Gesprächskultur umfasst neben den zentralen Kommunikationstechniken – Beachtung der Kommunikationsgesetze, Einsatz von Fragen – die Wahl des angemessenen Zeitpunktes, des richtigen Ortes und das Abwägen der passenden Form der Ansprache.

## Fallbeispiel

Es ist kurz nach neun, die meisten Kinder sind bereits in ihrer Gruppe und sitzen mit der Erzieherin im morgendlichen Kreis. Da geht plötzlich die Tür auf und wütend sprudelt Frau K., die Mutter eines Kindergartenkindes, vor versammelter Mannschaft los: „Der Fabian war gestern wieder ohne Mütze draußen. Ich hab Ihnen schon so oft gesagt, dass er seine Mütze tragen muss wegen seiner empfindlichen Ohren. Das ist unmöglich, dass sich hier keiner verantwortlich fühlt." Alle Kinder schauen Frau K. mit großen Augen an, die Erzieherin überlegt, wie sie die Mutter möglichst schnell besänftigen könnte. Die Stimmung im Kreis ist erst einmal getrübt.

Frau M. ist sehr engagiert, auch was pädagogische Konzepte angeht. Gerne führt sie lange Gespräche mit den Erzieherinnen, wenn sie ihr Kind holt oder bringt. Während einer dieser Unterhaltungen sieht die Erzieherin aus dem Augenwinkel eine andere Mutter, mit der sie dringend etwas zu klären hätte. Aus Höflichkeit bleibt sie aber bei Frau M. stehen, wünscht sich jedoch gleichzeitig, dass diese Gespräche sie nicht so häufig binden würden.

Wie würden Sie sich in diesen beiden Situationen verhalten? Welche Art von ungelegenen Gesprächen kennen Sie aus Ihrer Berufspraxis?

## Analyse

In der ersten Situation ist die Erzieherin aufgefordert, direkt zu reagieren. Die Mutter ist im Moment so aufgebracht, dass sie eine Vertagung des Gespräches vermutlich nicht akzeptieren würde. Dieses Gespräch darf allerdings nicht in der Gruppe stattfinden. Ein ruhiger Ort, ohne die Kinder im selben Zimmer, das Büro der Leitung, der Besprechungsraum des Teams sind geeignet.

Im zweiten Fallbeispiel ist es notwendig, die häufigen Zwischen-Tür-und-Angel-Gespräche in einen Rahmen zu bringen, der weniger zeit- und aufmerksamkeitsaufwändig für die Erzieherinnen ist. Grundsätzlich sind Interesse an Pädagogik und ein guter Kontakt der Eltern zum Team wünschenswert. Hier gilt es, den Spagat zwischen Verbindlichkeit und Abgrenzung zu schaffen.

## Arbeitspsychologischer Hintergrund

Ort und Zeit sind bei beiden Fallbeispielen ungünstig für eine erfolgreiche Gesprächsführung. Vorrangig ist es, in der ersten Situation die Mutter zu beruhigen und das Thema „Verantwortung und Vertrauen" zu bearbeiten. Dabei sollte sich die Erzieherin nicht in einen Streit verwickeln lassen und auf den Angriff mit einem Gegenangriff reagieren. Hierin liegt die größte Gefahr für diese Situation. Die Erzieherin steht vor der schweren Aufgabe, den Angriff zu ignorieren und gelassen auf die Mutter einzugehen. Dies ist sicher ein Kraftakt. Aber er lohnt sich. Ist das Thema zur vollsten beiderseitigen Zufriedenheit geklärt, können direkt Zeitpunkt und Art des Feedbacks besprochen werden. Ist eine Klärung nicht möglich, ist es besser zu warten, bis sich die Wogen geglättet haben, um später in entspannterer Atmosphäre ein anderes Vorgehen zu erbitten. Beschwerdeannahme gehört zum Erzieherinnenberuf, die Akzeptanz von persönlichen Angriffen vor der gesamten Gruppe nicht. Bleibt diese Botschaft aus, lernt die Mutter, dass sie einfach in die Gruppe platzen und ihre Unzufriedenheit ungefiltert loswerden kann. Ein Hinweis auf die optimale Betreuung des eigenen Kindes kann diese Überzeugungsarbeit erleichtern.

Im zweiten Fall geht es darum, die engagierte Mutter darauf hinzuweisen, dass die Fachgespräche zu einem ungünstigen Zeitpunkt stattfinden. Hierbei ist zu betonen, wie sehr ihr großes Interesse am Thema geschätzt wird, sich jedoch ein Elternabend oder ein vereinbarter Gesprächstermin besser dazu eignen, die guten Ideen erschöpfend zu erörtern. Hat das Thema dann seinen Ort, kann später wieder darauf verwiesen werden.

Es ist gut, wenn sich Eltern direkt an die jeweils betroffenen Erzieherinnen wenden und nicht hinter deren Rücken bei Kolleginnen, Leitung oder Vorstand anklopfen. Wird ein solcher Versuch unternommen, sollte unter allen Umständen die betroffene Person hinzu gebeten werden. Hier ist das gesamte Team gefragt. Ansonsten besteht das Risiko, dass Unfrieden zwischen den Kolleginnen entsteht oder das Verhältnis zwischen Leitung und Vorstand geschwächt wird.

## Checkliste

- **Störungen Vorrang geben:** Bei Eskalationsgefahr hat die jeweilige Störung Vorrang.
- **Geeigneten Ort aufsuchen:** Die Bearbeitung eines Problems erfolgt nicht „auf der Bühne vor Publikum", sondern an einem ruhigen Ort unter vier Augen.
- **Rückmeldung geben:** Hinweise auf ein unglückliches Gesprächs-Timing sind wichtig, um einen Lernprozess in Gang zu setzen.
- **Zeitmanagement anwenden:** Längere Elterngespräche sind zwischen Tür und Angel fehl am Platz, die Suche nach einem geeigneten Rahmen, einem anderen Zeitpunkt und Ort empfehlenswert.
- **Standhaft bleiben:** Den Hinweis auf ein ungünstiges Timing wiederholen.
- **Gefühlsstau vermeiden:** Früh genug reagieren, damit eine mögliche persönliche Irritation nicht nach außen dringt. Das wäre unprofessionell und würde zu einer Verhärtung der Fronten führen.

- **Hierarchien einhalten:** Die jeweils Betroffenen sind die erste Anlaufstelle für Feedback. Zeigen sich diese Gespräche als erfolglos, können sich Leitung und gegebenenfalls der Vorstand einschalten. Mitarbeiterinnen verweisen bei Klagen über eine Kollegin frühzeitig darauf, dass in der Einrichtung eine Konfliktkultur herrscht, die Beschwerden hinter dem Rücken der Betroffenen vermeiden will.
- **Geschlossen auftreten:** Auch bei Konflikten im Team ist ein nach außen geschlossenes Auftreten unverzichtbar.
- **Erfolge im Team feiern**

## Die einsame Mutter

Wie sagt man Nein, ohne zu verletzen? Die größte Schwierigkeit liegt nicht in der Gesprächsführung, sondern darin, die innere Haltung zu entwickeln, dass dieses Nein auch sinnvoll und richtig ist. Die folgende Geschichte ereignete sich in einer Einrichtung in einem ländlichen, dünn besiedelten Landstrich. Das Team erzählte sie mir im Rahmen einer Fortbildung.

### Fallbeispiel

Frau E., die Mutter eines Kindergartenkindes, bleibt nach dem morgendlichen Bringen immer auffällig lange in der Einrichtung. Sie sucht das Gespräch mit den Erzieherinnen, ist stets bereit zu helfen und zeigt sich interessiert an der Arbeit des Teams. Frau E. ist eine sehr nette Frau, das Team mag sie. Doch sie hält die Erzieherinnen am Morgen von der Arbeit ab. Da niemand Frau E. vor den Kopf stoßen will, bleibt immer eine der Erzieherinnen bei ihr und unterhält sich, allerdings mit dem Gefühl auf Kohlen zu sitzen, da sie ja in der Gruppe gebraucht wird. Die Erzieherinnen wissen, dass die Familie noch nicht lange in der Gegend wohnt. Sie können sich gut vorstellen, dass es für Frau E. schwer ist, Anschluss zu finden.

## Analyse

In allen Institutionen, in denen Menschen zusammen kommen, spiegeln sich gesellschaftliche Phänomene wider. Auch in Kindertageseinrichtungen bekommen die Erzieherinnen ganz nebenbei mit, wie es den Menschen geht, die ihre Kinder in die Einrichtung bringen. Über den engen Kontakt zu den Kindern und auch das eigene Einfühlungsvermögen werden die Erzieherinnen mit den Freuden, Problemen, allen Themen konfrontiert, die die Familien beschäftigen. In diesem Fallbeispiel geht es um das Problem der Einsamkeit von Frau E. und ihrer Unfähigkeit, dieser angemessen zu begegnen.

## Arbeitspsychologischer Hintergrund

Alle Personen mit Berufen, die eng mit Menschen zu tun haben, werden über das eigentliche Arbeitsthema hinaus auch mit den Gefühlen all dieser Menschen konfrontiert. Und gerade unangenehme Gefühle haben die Eigenschaft, sich mit großer Dominanz in den Vordergrund zu drängen. Schub leistet hier der Leidensdruck. Wie das Wort „Leidensdruck" sagt, erzeugen unangenehme Gefühle (Leiden) einen erhöhten Druck, sich ihnen zuzuwenden. Je stärker eine Person im jeweiligen Umfeld leidet, desto stärker gerät dieses Gefühl durch seinen Einfluss auf ihr Verhalten in den Fokus.

Wo liegen hier die Grenzen der eigenen Hilfsfähigkeit? Diese zentrale Frage hat sowohl eine psychische, als auch eine praktische Komponente: Die Probleme der Umwelt dürfen nicht zu den eigenen werden, und die eigentliche Aufgabe darf bei aller Hilfsbereitschaft und allem Mitgefühl nicht zu kurz kommen. Zuallererst braucht jeder die innere Gewissheit, in der jeweiligen Situation über Gebühr belastet zu werden. Diese innere Gewissheit entsteht durch die Einsicht, dass diese Hilfe, wie oben beschreiben, in der Situation nicht zu leisten ist. In einem nächsten Schritt werden dann vorsichtig aber nachdrücklich der entsprechenden Person die Grenzen der persönlichen Hilfsmöglichkeiten mitgeteilt. Eine Möglichkeit, Frau E. zu helfen, könnte darin bestehen, das Thema vorsichtig anzusprechen. Eingeleitet mit der Frage, ob sie sich inzwischen in der Gegend eingelebt hat, kann die Erzieherin rückmelden, dass sie manchmal den Eindruck hat, Frau E. sei etwas einsam. Je nach Reaktion der Mutter kann die Erzieherin erklären, dass sie leider nicht die Zeit hat, sich im Arbeitsalltag länger mit Frau E. zu unterhalten und dafür um Verständnis bitten.

## Checkliste

- **Grenzen wahrnehmen:** Wachsamkeit für Situationen entwickeln, in denen der einzelne immer wieder in die Probleme anderer Menschen hineingezogen wird, ohne dies zu wollen.
- **Verantwortungsgrenzen beachten:** Es liegt außerhalb der Verantwortung und der Möglichkeiten von Erzieherinnen, allen Menschen im Umfeld der Einrichtung zu einem glücklichen Leben zu verhelfen.
- **Konsequenzen des eigenen Handelns bedenken:** Analyse der Konsequenzen, zum Beispiel eigene Überlastung, Ablenkung von den Kernaufgaben, wenn die Aufmerksamkeit zu sehr auf externe Probleme gelenkt wird.
- **Problem ansprechen:** Der betreffenden Person nett, aber konsequent mitteilen, dass es die Zeit nicht zulässt, sich weiter mit ihr zu unterhalten.
- **Lösungsideen entwickeln:** Überlegen, wo die Person das bekommen kann, was ihr fehlt und Vorschläge machen. Dies erleichtert die eigene Abgrenzung.
- **Professionalität beachten:** Professionelles Verhalten beinhaltet, sich der Prioritäten im Beruf bewusst zu sein und Grenzen zu setzen.
- **Vergleiche mit anderen Professionen ziehen:** Situationen bedenken, in denen sich Menschen im Beruf auf nichts anderes konzentrieren können als auf ihre Aufgabe, zum Beispiel der Pilot, der Chirurg, der Koch.

## Ungünstige Einflussnahme einer Mutter

Im nächsten Fallbeispiel wählt eine Mutter eine denkbar ungünstige Art, mit ihrer Unzufriedenheit umzugehen. Sie lässt es nicht zu einem offenen Gespräch mit dem Team kommen, sondern macht in Abwesenheit der Erzieherinnen Stimmung bei den anderen Eltern. Eine hilfreiche Gesprächskultur ist von Offenheit und Vertrauen geprägt, zumindest sollte Fairness herrschen.

### Fallbeispiel

In einer städtischen Einrichtung gehört Frau L. zum Elternbeirat. Sie verwickelt gerade neue Eltern schnell in ein Gespräch und erzählt ihnen, was ihrer Meinung nach im Kindergarten gut läuft und was nicht funktioniert. Bevor die Erzieherinnen eine Chance haben, die Eltern kennen zu lernen, hat Frau L. die neuen Mütter und Väter schon zum Elternstammtisch eingeladen und ihre Sicht der Dinge dargestellt. Wann immer eine ihrer Erwartungen nicht erfüllt wird, startet Frau L. eine neue Elternkampagne ohne die Erzieherinnen mit einzubeziehen. Die Leitung hat davon nur erfahren, weil sich einige der neuen Eltern ihr anvertraut haben.

### Analyse

In vielen Gruppen gibt es Meinungsbildner und Stimmungsmacher. Zum Problem wird es, wenn die Stimmung einseitig in eine negative Richtung beeinflusst wird. Frau L. missbraucht ihre Funktion als Elternbeiratsmitglied, um das Team zu bestrafen, wenn ihre Wünsche nicht erfüllt werden. Das hohe Tempo, mit dem sie versucht, Kontakt zu den neuen Eltern herzustellen, legt nahe, dass sie vorsätzlich daran geht, ihren Einfluss in der Elternschaft auf Kosten des Verhältnisses zum Team zu vergrößern.

Warum lassen sich einige Eltern vor den Karren von Frau L. spannen? Was haben sie davon? Wie kann das Team darauf reagieren? Bitte notieren Sie Ihre Ideen.

## Arbeitspsychologischer Hintergrund

Frau L. hat einen Machtkampf begonnen. Und einem Teil der Elternschaft ist dies vielleicht ganz recht, denn Frau L. tut etwas, was sich manch andere auch wünschen, aber nicht trauen. Sie versucht ohne Rücksicht auf Verluste ihre Sicht der Dinge im Kindergarten durchzusetzen. Je enger wir zusammenhalten, desto eher können wir uns wehren, wenn uns etwas nicht passt, mag sich diese Gruppe der Eltern denken. Ein anderer Teil der Eltern, denen das Verhalten von Frau L. unangenehm war, hat den Kontakt zur Leitung aufgenommen und die Sache offen gelegt.

Die Situation ist aus zweierlei Gründen bedenklich: Die Vertrauensbasis zwischen Eltern und Team nimmt Schaden. Eine Spaltung der Elternschaft ist zu befürchten. Die Leitung ist hier stark gefordert. Auf jeden Fall ist es notwendig, das Thema anzusprechen und dabei deutlich zu machen, dass auf diese Art niemandem geholfen ist. Ein Team kann nicht zulassen, dass sich diese Facette der Konfliktkultur in der Einrichtung etabliert.

Die Leitung sucht ein Gespräch mit Frau L. und wird darin auf die nachteiligen Konsequenzen des von ihr gewählten Vorgehens hinweisen. Das Team wird informiert, damit Transparenz bezüglich der Situation herrscht. Die Einberufung eines Elternabends bzw. einer Elternratssitzung ist nur notwendig, wenn die Zufriedenheit größerer Teile der Elternschaft nachhaltig gefährdet ist.

## Checkliste

- **Gespräch gut vorbereiten:** Gute Gesprächsvorbereitung ist unerlässlich. Austausch mit Kolleginnen, der Fachberatung und Supervision können helfen.
- **Eskalation vermeiden:** Im direkten Gespräch mit der Mutter darf es nicht zu einer Eskalation oder Verhärtung der Fronten kommen. Dennoch klar ansprechen, dass das Verhalten nicht der gemeinsamen Sache dient.
- **Gemeinsame Ziele betonen:** Beide Gesprächsparteien sitzen im selben Boot und haben dasselbe Ziel, die bestmögliche Betreuung der Kinder. Dieses übergeordnete Ziel kann nur erreicht werden, wenn alle Beteiligten gemeinsam in dieselbe Richtung rudern.
- **Offenen Dialog anstreben:** Interesse an einem offenen Dialog bekunden, der den Wünschen und Erwartungen der Elternschaft Raum gibt.
- **Nicht provozieren lassen:** Auf keinen Fall provozieren und zu unbedachten Äußerungen hinreißen lassen. Ziel ist eine gute Zusammenarbeit. Dabei durchaus anmerken, dass die zerrissene Stimmung das Klima in der Einrichtung in Mitleidenschaft zieht.
- **Zeit geben:** Keine sofortige Einsicht erwarten. Viele Menschen können Fehler nicht offen zugeben, um ihr Gesicht zu wahren. Ein gutes Zeichen ist es, wenn das Gegenüber langsam wieder die gemeinsamen Ziele thematisiert.
- **Timing beachten:** Ruhe und genügend Zeit sind der Rahmen für klärende Gespräche. Für die Stunden davor und danach keine weiteren wichtigen Dinge auf den Terminplan setzen.
- **Selbstbelohnung zulassen:** Zum Ausgleich ist es gut, an dem Tag des Gespräches etwas Schönes zu unternehmen, um den Kraftspeicher wieder aufzufüllen.

## Wenn Eltern Dinge mitbekommen, die nicht für sie bestimmt sind …

Das nach außen geschlossene Auftreten eines Teams ist von großer Bedeutung für die Kommunikation. Trägt ein Team seine internen Konflikte nach außen, macht es sich angreifbar. Und ein gespaltenes Team lässt sich gut vor jeden beliebigen Karren spannen. Die Durchsetzungskraft leidet und auch das Image der Einrichtung nimmt Schaden.

### Fallbeispiel

In letzter Zeit läuft es nicht gut im Team der roten Gruppe. Die beiden Erzieherinnen sind voneinander genervt, schaukeln sich dann gegenseitig hoch, und schnell wird der Ton in Konfliktsituationen schnippisch. Eines Morgens kracht es wieder in der roten Gruppe. Es herrscht Uneinigkeit darüber, wie ein Kunstprojekt für die Kinder organisiert werden soll. Maria J. wirft ihrer Kollegin Antriebslosigkeit vor. Diese fühlt sich zu Unrecht angegriffen und antwortet laut und ärgerlich: „Es reicht mir mit dir, Maria! Du bist wirklich unerträglich mit deiner ewigen Besserwisserei." Leider haben die beiden bei ihrem Disput nicht bemerkt, dass die Tür des Gruppenraumes nicht ganz geschlossen war. Eine Mutter hat den Streit mit angehört und geht auf direktem Weg zur Leitung.

### Analyse

Kaum ein Team arbeitet über längere Zeit ohne Konflikte. Konstruktive Unzufriedenheit ist ein gutes Mittel der steten Verbesserung. Zwischenmenschliche Unstimmigkeiten, die am Arbeitsplatz ungebremst ausgelebt werden, sind dagegen nicht professionell. Bekommen Eltern ein solches Verhalten mit, entsteht schnell ein vernichtend schlechter Eindruck von Arbeitseinstellung und Stimmung im Team. Dies wird sowohl den betroffenen Erzieherinnen als auch der Einrichtungsleitung angelastet.

Gibt oder gab es in Ihrer Einrichtung ähnliche Situationen? Besteht in Ihrem Team die Gefahr, dass die professionelle Rolle verlassen wird? Wann, wo, zu welchen Gelegenheiten? Wenn ja, setzen Sie das Thema auf die nächste Tagesordnung.

## Arbeitspsychologischer Hintergrund

Gesprächskultur spielt nicht nur eine Rolle in der direkten Kommunikation mit den Eltern, sondern auch bei allen Gesprächen, die Eltern in der Einrichtung mitbekommen. Seien dies Unterhaltungen zwischen Kindern und Erzieherinnen, Leitung und Mitarbeiterinnen oder unter den Kolleginnen.

Die Teams in Kindertageseinrichtungen sind vergleichsweise klein. Der Kontakt untereinander ist in aller Regel von großer Offenheit und gegenseitiger Vertrautheit geprägt. In vielerlei Hinsicht ist dies von Vorteil. Vorsicht ist jedoch geboten, wenn Verhaltensweisen am Arbeitsplatz auftreten, die der professionellen Rolle nicht entsprechen.

### Interview ?!

Frau W., die Leitung der Einrichtung, in der sich der Streit zwischen den beiden Mitarbeiterinnen ereignet hat, berichtet in der Supervision über die Reaktion der Mutter:

**Frau W.:** Es läuft bei uns in der Einrichtung zurzeit wirklich nicht rund, aber die beiden aus der roten Gruppe haben ungewollt letzten Montag den Vogel abgeschossen. (Frau W. erzählt weiter, was vorgefallen ist.)

**A. H.:** Das ist aber in Hinblick auf die bereits gespannte Atmosphäre zwischen Eltern und Team überhaupt nicht hilfreich.

**Frau W.:** Das können Sie wohl sagen. Die Kolleginnen in der roten Gruppe haben sich mal wieder die Köpfe heiß geredet, beide sind viel zu impulsiv. Nun sind die Mitarbeiterinnen auch erst Anfang und Mitte 20, aber etwas mehr Vernunft und Konfliktfähigkeit hätte ich ihnen eigentlich zugetraut. Die Mutter kam nach dem Disput sofort zu mir und meinte, dass die Stimmung in der Einrichtung unerträglich sei. Dass ich mein Team nicht im Griff hätte, und dass sie sich fragen würde, wie wohl die Betreuung der Kinder aussähe, wenn die Erzieherinnen heillos zerstritten wären...

Der Mensch schließt in seiner Wahrnehmung von den Dingen, die er mitbekommt, auf weitere Sachverhalte, die er nicht miterlebt hat. Frau W. hatte im Gespräch mit der Mutter große Mühe, das denkbar ungünstige Bild von den Zuständen in der Einrichtung gerade zu rücken. Sie entschuldigt sich und erklärt, dass dieses Verhalten nicht ihren Vorstellungen und den Qualitätsstandards der Einrichtung entspricht. Um der Mutter verständlich zu machen, dass ein solches Verhalten in Zukunft von Seiten der Leitung nicht geduldet wird, informiert sie die Mutter darüber, dass das Thema Konfliktmanagement mit hoher Priorität auf die Tagesordnung für die nächsten Teambesprechungen gesetzt wurde. Und um dem Gespräch einen guten Abschluss zu geben, erinnert Frau W. an zurückliegende, erfolgreiche Bewältigungen von schwierigen Situationen und stellt die fachlichen Stärken der beiden Kolleginnen dar.

## Checkliste

- **Berufliche Realitäten beachten:** Realistische Erwartungen und eine klare Trennung von privaten und beruflichen Ansprüchen und Verhaltensweisen sind wichtig. Kolleginnen begegnen sich in ihrer beruflichen Rolle und nicht als Freundinnen im privaten Kreis.
- **Missstände angehen:** Chronische Gereiztheit im Kollegenkreis deutet auf unbewältigte Konflikte oder eine

schlechte Teamzusammenstellung hin. Bleiben diese Themen aus Trägheit oder Ratlosigkeit unbearbeitet, droht die Eskalation.

- **Ort und Zeitpunkt bewusst wählen:** Konflikte werden zu einem passenden Zeitpunkt, wenn keine Eltern zuhören können, und an einem ruhigen Ort zwischen den Beteiligten geklärt.
- **Verhalten kontrollieren:** Lauter, persönlicher Streit am Arbeitsplatz ist in jedem Fall unpassend.
- **Verhalten entschuldigen:** Eine Entschuldigung bei der Mutter hilft, den Imageschaden zu begrenzen. Dabei wird klar gestellt, dass dieses Verhalten nicht alltäglich in der Einrichtung ist, und die Betroffenen wissen, dass sie einen Fehler gemacht haben.
- **Konfliktkultur pflegen:** Die Leitung wacht über die Konfliktkultur im Team. Bei unangemessenem Umgang mit Konflikten wird schnell reagiert. Unter Umständen ist eine Teamsupervision sinnvoll.

## Klappern gehört zum Handwerk

Fühlen sich Erzieherinnen ausreichend von der Elternschaft wertgeschätzt? Diese Frage wird in den seltensten Fällen mit ja beantwortet. Das Gefühl, es nie gut genug gemacht zu haben, und die Konfrontation mit einer Inflation an Erwartungen führen dazu, dass Teams sich kleiner und schwächer fühlen als sie in Wirklichkeit sind.

### Fallbeispiel

Frau F. berichtet in der Supervision von einem aus ihrer Sicht gelungenen Fest im Kindergarten. Nach der Veranstaltung hätten jedoch wieder drei Elternteile an unwesentlichen Punkten herumgenörgelt, und Frau F., die Leitung, meint verletzt: Warum können die Leute nicht einfach ein einziges Mal sagen, dass es schön war? Müssen die immer etwas zu mäkeln finden?

## Analyse

Manche Menschen haben überzogene Erwartungen, sind selber nie genug gelobt worden, haben gelernt, dass sie mit negativer Kritik Aufmerksamkeit erhalten. Es liegt nicht in der Hand der Erzieherinnen, die Erwartungshaltung mancher Eltern realistischer zu gestalten. Auch deren Feedbackverhalten können sie nur zu einem kleinen Teil beeinflussen. Doch lohnt es sich, zu überlegen, wie durch Gespräche und Aktionen das Ansehen der Einrichtung verbessert werden kann.

## Arbeitspsychologischer Hintergrund

Im Alltag sind wir umgeben von Werbung. In diesem Klima ist es unverzichtbar, die gute eigene Leistung ins rechte Licht zu rücken und an die Adressaten zu transportieren. Das funktioniert mit der **Supi**-Methode, die sich aus folgenden Bausteinen zusammensetzt: Als Grundlage dient dem Team eine Liste seiner **S**tärken. Hierbei kann es sich um fachliche Fähigkeiten handeln, Gebiete auf denen die spezielle Einrichtung besonders viel leistet, und/oder um ein gut funktionierendes Team. Anschließend überlegen alle im Team, was sie im Vergleich mit ihrer Konkurrenz **u**nverwechselbar macht. Was hat die Kindertageseinrichtung exklusiv zu bieten? Worin ist die Einrichtung besonders gut? Was zeichnet sie aus? Die Ergebnisse dieser Selbstbefragung werden auf verschiedene Arten **p**räsentiert: Einladung der örtlichen Presse, Informationsmaterial oder -veranstaltungen zu zentralen Themen für alle Eltern im Umkreis, eigene Website. Um die örtliche Presse erfolgreich einzubinden, hilft es, sich klarzumachen, dass die Redakteure für ihre Artikel immer einen Aufhänger benötigen. Hierzu eigenen sich zum Beispiel Einrichtungsjubiläen, besondere Aktionen. Jede gute Kindertageseinrichtung wird Berichtenswertes finden, wenn sie nur einen Blick auf das eigene Angebot wirft. Weiter gilt es herauszufinden, wo die Interessen der Eltern liegen und diese Themen dann gezielt anzusprechen. Zum einen werden Interessen in Gesprächen mit Eltern deutlich. Diese Wünsche und Anregungen werden dann schriftlich gesammelt und ausgewertet. Auch systematische Befragungen der Elternschaft mit Hilfe von Fragebögen, zum Beispiel das Angebot der Kindertageseinrichtung betreffend, sind ein guter Weg. Der Prozess der Interessenermittlung ist fortlaufend und zieht sich durch das gesamte Kindergartenjahr.

Die Supi-Methode eignet sich wunderbar für Konzeptionstage. Innerhalb von kurzer Zeit werden strukturierte Ergebnisse geliefert. An Konzeptionstagen fehlt der Druck der alltäglichen Arbeit, und das Team hat die erforderliche Muße, sich dem Thema zuzuwenden. Diese Methode macht Spaß und gibt Kraft, da jeder auf positive Dinge fokussiert ist. Auch bei Motivationstiefs kann die Supi-Methode ein Team erreichen.

Führen Sie bitte eine Kurzform der Methode durch, indem Sie zu jedem Buchstaben und dem dazugehörigen Prozess von S-U-P-I drei Punkte benennen. Nehmen Sie diese Ergebnisse in die nächste Teambesprechung mit.

Lange Zeit waren Kindergartenplätze Mangelware. Die Nachfrage war größer als das Angebot. Öffentlichkeitsarbeit war, wenn überhaupt, nur ein Thema am Rande. Auch heute gibt es nicht immer die gewünschte Art von Betreuungsplatz zum richtigen Zeitpunkt. Doch die Kinderzahlen nehmen ab, Gruppen werden abgebaut, und die Ganztagsbetreuung in Schulen lässt Hortplätze wegfallen. Angesichts dieser aktuellen Entwicklung kann es sich keine Einrichtung leisten, auf gute Öffentlichkeitsarbeit und Marketing, die Vermarktung der eigenen Leistung, zu verzichten.

Eltern wählen die Kindertageseinrichtung aus, von der sie das Bild haben, ihr Kind wird dort optimal betreut und auf das Leben vorbereitet. Einrichtungen, die gute Arbeit leisten, ihr Licht jedoch unter den Scheffel stellen, im Ort und in der Presse wenig Präsenz zeigen, werden Gefahr laufen, den Kürzeren zu ziehen. Ereignisse wie Jubiläen, Tag der offenen Tür, Teilnahme an Aktionen im Ort oder der Gemeinde, Großelternnachmittage, Sommerfeste und Ausflüge können hervorragend für einen Rückblick und die Bilanzierung des Erreichten genutzt werden. Sie sind willkommener Anlass, sich im jeweiligen Ortsteil und in der Presse in Erinnerung zu bringen. Durch Einladung der ehemaligen Kinder kann eine Kundenbindung über Generationen hinweg gepflegt werden.

## Interview

Bei Konzeptionstagen tauchen immer wieder die Themen Zusammenarbeit mit Eltern, Öffentlichkeitsarbeit und die Vermarktung der eigenen Leistung auf.

**A. H.:** Zum Thema Elternarbeit gehört auch das Marketing.

**Frau J., Leitung:** Das widerspricht total dem Bild, das ich von meiner Arbeit habe. Angeberei liegt mir nicht. Warum sollen wir mehr scheinen als wir sind?

**Frau A., Erzieherin:** Ich finde auch, gute Arbeit muss doch ausreichen. Zwar macht es mich nicht froh, wenn die Eltern unser Angebot nicht angemessen einschätzen. Aber sollen wir jetzt auftreten, als hätten wir das Rad neu erfunden?

**A. H.:** Es geht nicht darum, mehr scheinen zu wollen als man ist. Das wäre unseriös. Es ist aber in der heutigen Zeit nicht mehr ausreichend, einfach nur gut zu arbeiten. Zu einer Einrichtung, in der gute Erziehungsarbeit geleistet wird, gehört auch die professionelle Zusammenarbeit mit den Eltern. Das bedeutet auch, den Eltern ein realistisches Bild des Leistungsumfanges der Einrichtung zu vermitteln. Und Ihre Leistungen können sich sehen lassen.

**Frau J.:** Da ist natürlich etwas daran. Wir müssen uns für unsere Arbeit wirklich nicht verstecken.

Kein Wirtschaftsunternehmen verzichtet heute auf Werbung. Selbst kleine Familienbetriebe, zum Beispiel der Gemüsehändler an der Ecke, machen Werbeaktionen. Im sozialen Bereich ist die PR (Public Relations), gemeint sind die Pflege der Kundenbeziehungen und die Informationsbereitstellung, noch ein Stiefkind. Das Thema fehlte in der Ausbildung von Erzieherinnen und liegt auch erst seit Neuem im Mittelpunkt der Mitarbeiterinteressen. Teams, deren gute Arbeit unzureichend öffentlich gemacht und vermarktet wird, sehen sich kritischen Bemerkungen der Elternschaft ausgesetzt, und dies kann zu dauerhaftem Stress führen. Von einer gelungenen Öffentlichkeitsarbeit/Marketing profitieren beide Seiten: Die Eltern sind zufriedener und das Team fühlt sich besser.

## Selbsttest

Kreuzen Sie bitte an, welche Aktionen in Ihrer Einrichtung bereits stattfinden.

| **Aktion** | **Findet bei uns statt** | **Findet bei uns nicht statt** |
|---|---|---|
| Unser Team wird den Eltern mit all seinen Stärken und Fortbildungen im Flur unserer Einrichtung (z.B. in Form einer Bilderwand) präsentiert. | | |
| Wir hängen die Themen unserer Fortbildungen aus, damit sich die Eltern ein Bild von unserem Wissen machen können. | | |
| Wir feiern fünfjähriges, zehnjähriges, zwanzigjähriges Bestehen der Einrichtung. | | |
| Wir hängen die jeweiligen Sonderaktionen im Flur aus, so dass die Eltern sie gut sehen können. | | |
| Wir pflegen den Kontakt zur Presse, so dass die Einrichtung in den Köpfen der Bewohner unseres Stattteils präsent ist. | | |

| Aktion | Findet bei uns statt | Findet bei uns nicht statt |
|---|---|---|
| Wir sind auf Festen unseres Stadtteils dabei – Weihnachtsmarkt, Karnevalsumzug, Osteraktion. | | |
| Wir veranstalten mindestens einen Tag der offenen Tür pro Jahr. | | |
| Wir haben eine Internetseite. | | |
| Wir haben eine Kindergartenzeitung. | | |
| Wir präsentieren auf Elternabenden unsere Erfolge und stellen unsere Besonderheiten heraus. | | |
| Wir haben uns Gedanken gemacht, wo unsere Stärken liegen und sind stolz darauf. | | |
| Wir finden unsere Arbeit gut und zeigen dies auch in Gesprächen mit den Eltern. | | |
| Es gibt Präsentationsmaterial zu unserer Arbeit und Einrichtung (Flyer, Infoblätter zu bestimmten Themen, Aushang), und dieses repräsentiert uns auch. | | |
| Vor unserer Einrichtung gibt es einen Schaukasten, der über unsere Arbeit informiert. | | |
| Es existiert eine Präsentation über unsere Arbeit, die auf Besprechungen in der Gemeinde von der Leitung vorgestellt wird, um die Wichtigkeit unserer Einrichtung auch politisch zu demonstrieren. | | |
| Die Befragung der Eltern hat ergeben, dass sie mit der Zusammenarbeit zufrieden sind. | | |

Geben Sie sich für jede Aktion, die in Ihrer Kindertageseinrichtung stattfindet, einen Punkt. Wenn es weitere Aktionen gibt, die hier nicht aufgelistet sind, geben Sie sich pro Aktion einen weiteren Punkt. Addieren Sie Ihre Punktzahl. Ziehen Sie jetzt für jede Aktion aus der Tabelle, die bei Ihnen nicht auf dem Programm steht, einen Punkt ab. Notieren Sie bitte Ihre Punktzahl.

- **13 oder mehr Punkte:** Wunderbar, weiter so!
- **9 bis 13 Punkte:** Sehr gut, aber noch ist nicht alles erreicht. Bauen Sie Ihr Marketing aus.
- **5 bis 9 Punkte:** Sie zeigen erste Ansätze zu einer guten Öffentlichkeitsarbeit, können aber noch tüchtig zulegen. Versuchen Sie in den nächsten sechs Monaten Ihre Punktzahl auf mindestens 12 zu steigern.
- **Unter 5 Punkten:** Sie haben das Thema Marketing noch nicht etabliert. Nun bekommt es absolute Priorität. In den nächsten drei Monaten können Sie mindestens vier weitere Punkte zulegen.

## Checkliste

- **Selbsttest durchführen/Konsequenzen ziehen:** Aktionen entsprechend des aktuellen Punktestandes aus dem Selbsttest planen.
- **Supi-Methode anwenden**
- **Verantwortung auf mehrere Schultern verteilen:** Jedes Teammitglied übernimmt für einzelne Aktionen die Verantwortung.
- **Pressearbeit pflegen:** Den Kontakt zur Presse und anderen wichtigen Meinungsbildnern (Lokale Rundfunk- und Fernsehsender, Kommunalpolitik) etablieren/pflegen/vertiefen.
- **Mit Spaß an die Sache gehen:** Ein kleiner Preis für besonders gelungene Marketingideen für die Teammitglieder.
- **Defizite beseitigen:** Missstände ausräumen, die den eigenen Stolz auf die Einrichtung mindern. Wer von sei-

ner Arbeit hundertprozentig überzeugt ist, kann dies glaubhafter nach außen vertreten.

- **Auf dem aktuellen Wissensstand bleiben:** Fachbücher lesen, Fortbildungen zum Thema besuchen, regelmäßig erscheinende Fachzeitschriften auswerten, Besuch von Fachmessen, Leiterinnentreffen, Kontaktpflege mit anderen Kolleginnen und Materialien der Fachberatungen nutzen.
- **Über den Tellerrand blicken:** Andere Einrichtungen besuchen. Welche Ideen werden dort umgesetzt? Wo ist die eigene Einrichtung konkurrenzfähig, wo nicht? Nicht immer muss das Rad neu erfunden werden.
- **Ruhig bleiben:** Treten Eltern sehr fordernd auf, kann es hilfreich sein, deren Wünsche zu notieren und zu betonen, dass diese Anregungen weiter im Team diskutiert werden und bei nächster Gelegenheit (beim nächsten Gespräch, dieses ruhig aktiv einleiten!) Rückmeldung gegeben wird.

## Gut gemacht! – Erfolgreiche Bewältigung einer kniffeligen Gesprächssituation

### Fallbeispiel

Frau L. neigt dazu, übervorsichtig mit ihrer Tochter Stefanie umzugehen. Besorgt hat das Team festgestellt, dass Stefanie sich inzwischen nur noch wenig zutraut und daraufhin beschlossen, ein Gespräch mit Frau L. zu führen. Die Erzieherinnen haben sich drei Ziele für dieses Gespräch gesetzt:

1. Konstruktive Kritik zu üben und bei möglichen Gegenangriffen ruhig und gelassen zu bleiben.

2. Die Mutter nicht durch die Vermutung zu beunruhigen, dass eine ungünstige Entwicklung bei ihrer Tochter eingetreten sei.

3. Eine tragfähige Atmosphäre zu etablieren, die dem Gespräch den richtigen Rahmen gibt.

Die Erzieherin, die das Gespräch führt, wählt einen vorsichtigen Einstieg: Sie lobt die Mutter für ihr erzieherisches Engagement. Dann spricht sie allgemein über die Notwendigkeit, Kinder eigene Erfahrungen machen zu lassen. Die Mutter hört interessiert zu. Anschließend ermuntert die Erzieherin Frau L., ihrer Tochter mehr zuzutrauen, und zählt die bereits vorhandenen, gut entwickelten Fähigkeiten von Stefanie auf. Ohne den Vorwurf eines Fehlverhaltens ist es der Erzieherin gelungen, Frau L. neue Verhaltensweisen zu ermöglichen.

## Analyse

Was hat das Gespräch so erfolgreich gemacht? Zum einen die gute Vorbereitung; die Erzieherinnen haben sich mit dem Thema Gesprächskultur im Vorfeld befasst, und auch auf dieses Gespräch waren sie durch die Zielvereinbarungen gut vorbereitet. Sie haben einen partnerschaftlichen Ansatz – Wir ziehen am selben Strang – gewählt und sich nicht hinreißen lassen, Frau L. zu belehren. Gelassenes, gut vorbereitetes Herangehen in Kombination mit einer partnerschaftlichen Atmosphäre hat die Situation entschärft.

Bitte listen Sie schwierige Gesprächssituationen auf, die Sie in den letzten drei Monaten erfolgreich bewältigt haben. Analysieren Sie, welche Verhaltensweisen Ihrerseits zum Gelingen beigetragen haben. Tauschen Sie Ihre Erfolgsstrategien mit Kolleginnen aus, denn Erfolge lassen sich lernen.

## Arbeitspsychologischer Hintergrund

Gesprächspartner sind keine Gesprächsgegner. Gerade bei Kritik ist eine grundsätzlich wertschätzende Haltung dem anderen gegenüber wichtig. Fühlt sich der Gesprächspartner herabgesetzt, wird er die Kritik nicht annehmen (können). Im Vorfeld von schwierigeren Gesprächen ist es sinnvoll, sich zu überlegen, welche Stolperfallen im Verlauf auftreten können.

Je besser man plant, desto härter trifft einen der Zufall. Ohne Vorbereitung geht es nicht, und mit zunehmender Erfahrung wird auch diese Planungszeit kürzer. Doch der Anspruch, sich auf alle möglichen Gesprächsvorfälle vorzubereiten zu können, ist unrealistisch. Auch erfahrene Psychologen wissen nie, welchen Verlauf ein Gespräch nehmen wird, bevor es begonnen hat. Für den äußerst unwahrscheinlichen Fall der länger anhaltenden Rat- und Sprachlosigkeit gibt es eine Notfallstrategie: Ist das Gespräch deutlich ins Stocken geraten, sagen Sie, dass Sie vom Verlauf überrascht sind und sich Gedanken machen möchten, um das Gespräch zu einem späteren Zeitpunkt fortzusetzen. Sich unter Druck zu setzen, funktioniert nicht. Auf das Gegenüber wirkt ein souveränes Eingeständnis der eigenen (vorübergehenden!) Ratlosigkeit überzeugender als ein wenig erfolgreicher Versuch, die Situation spontan zu bewältigen.

## Checkliste

- **Mit der geeigneten Gesprächskultur beschäftigen:** Herausfinden, welches Gesprächsverhalten sich deeskalierend auswirkt. Überlegen, was zu tun ist, um eine angenehme Gesprächsatmosphäre entstehen zu lassen. Offene Vorwürfe vermeiden.
- **Erfolgsanalyse erstellen:** Die eigenen Erfolgsstrategien analysieren, da sie auch für zukünftige Gespräche hilfreich sind. Zudem wirkt dieser Prozess Ego-stabilisierend.
- **Strategien im Team austauschen:** Auf diese Weise kann der eigene Gesprächs-Werkzeugkoffer mit neuen Strategien gefüllt werden.

- **Vorbereitung ist unverzichtbar:** Nicht imm … Planung lange dauern, die Zeit ist auf je … vestiert.
- **Selbstbewusst bleiben:** Überraschungen können trotz … Vorbereitung immer auftreten; gelassen bleiben und darauf vertrauen, dass sich eine angemessene Lösung findet.
- **„Notfallstrategie" anwenden:** Bei Rat- und Sprachlosigkeit das Gespräch vertagen, ohne sich zu schämen. Jeder Mensch, egal wie souverän er als Gesprächspartner auch wirken mag, kennt solche Situationen aus eigener Erfahrung und wird dafür Verständnis haben.

## Jeder hat einmal einen schlechten Tag – vom professionellen Umgang mit der eigenen Laune

An guten Tagen können alle Menschen schwierige Situationen besser bewältigen als an schlechten. Mit zunehmender Stressbelastung steigt die Wahrscheinlichkeit, dass der Tonfall anderen gegenüber etwas gereizt klingt. Das ist normal und hat seine Gründe in einer zu raschen Abfolge von belastenden Situationen. Einen schlechten Tag als Entschuldigung für falsches Verhalten zu gebrauchen, ist dagegen unprofessionell.

## Fallbeispiel

Petra M. hört mit, wie ihre Kollegin mit Frau B., einer Mutter, über das Thema Getränke in der Einrichtung spricht. Frau B. beklagt sich, dass ihr Sohn die im Kindergarten angebotenen Getränke nicht mag. Die Kollegin argumentiert dagegen und betont, dass die Eltern gebeten sind, den Kindern keine ungesunden Limonadendosen mitzugeben. Petra M. merkt deutlich, dass ihre Kollegin von der Diskussion genervt ist und wundert sich nicht, als Frau B. den gereizten Tonfall reklamiert. Nach dem Gespräch spricht Petra die Kollegin darauf an. Die antwortet nur kurz: „Kann schon sein, dass ich genervt war. Aber wir hatten diese Diskussion schon tausendmal. Frau B. will es einfach nicht verstehen. So schlimm finde ich meinen Ton gar nicht, und außerdem kann jeder einmal einen schlechten Tag haben."

## Analyse

Die Stresstoleranz ist unbestritten tagesformabhängig. Je entspannter der Mensch ist, desto belastbarer ist er auch. Die Mutter tritt der Erzieherin in der Kundenrolle gegenüber, und Kunden haben einen berechtigten Anspruch auf höfliche Behandlung – unabhängig von der persönlichen Laune. Feinfühlige Kunden mögen merken, dass ihr Gegenüber unter Stress steht. Unverborgen gereiztes Auftreten ist inakzeptabel und wirft ein schlechtes Licht auf die Erzieherin, die Personalführung der Leitung und somit auf die gesamte Einrichtung.

Bitte machen Sie Vorschläge, wie der Schaden durch das ungeschickte Gesprächsverhalten der Erzieherin begrenzt werden kann. Wie reagieren Sie in der Rolle des Kunden, wenn Personal im Restaurant oder Verkäuferinnen unfreundlich zu Ihnen sind?

## Arbeitspsychologischer Hintergrund

Bei allem Verständnis für Stimmungen: Die Laune der Erzieherin ist für ihre Kunden nicht ausschlaggebend. Diese haben das Recht, einen professionell agierenden Gesprächspartner zu erleben. Die Ausrede mit einem schlechten Tag ist nicht professionell. Wer tatsächlich den vielfach erwähnten schlechten Tag hatte und sich so im Tonfall vergreift, hat nur eine Möglichkeit, den Schaden zu begrenzen: die möglichst zeitnahe Entschuldigung. In aller Regel wird diese Entschuldigung angenommen, und das Verhältnis ist anschließend wieder unbelastet.

In unserem Fallbeispiel hat die Erzieherin noch am selben Nachmittag die Mutter angesprochen und betont, dass es ihr leid tue, einen unfreundlichen Tonfall angeschlagen zu haben. Sie hat erklärt, dass an diesem Tag schon eine Reihe von Dingen schief gegangen ist und die Mutter versehentlich den Druck abbekommen habe. Deutlich brachte die Erzieherin bei diesem Gespräch zum Ausdruck, dass ein gereizter Tonfall in der Einrichtung nicht an der Tagesordnung ist. Sie hat die Mutter um Entschuldigung gebeten, die diese dann auch ohne zu zögern angenommen hat.

Eine erfolgreich bearbeitete Unzufriedenheit kann die Kundenbindung sogar erhöhen. Und wenn die Eltern selbst einen unfreundlichen Ton anschlagen? Die Verantwortung für die Manieren der Kunden liegt bei ihnen, die Verantwortung für das eigene Verhalten bei der Erzieherin. Das Fehlverhalten eines Gesprächspartners kann nicht als Einladung verwendet werden, in dasselbe Horn zu stoßen. Die Erzieherin repräsentiert in ihrem Verhalten die Einrichtung nach außen. Daher müssen strengere Ansprüche angelegt werden als dies in privaten Gesprächen der Fall ist.

## Checkliste

- **Korrekt bleiben:** Mögliches Fehlverhalten des Gesprächspartners ist kein Grund, sich selber gehen zu lassen.
- **Professionelle Selbstkontrolle üben:** Die berufliche Rolle erfordert einen Stimmungsfilter. Die Kunden können unabhängig von der Laune ihrer Ansprechpartner ein höfliches Verhalten erwarten.
- **Perspektivenwechsel in die Kundenrolle vornehmen**
- **Wirkung auf das Image der Einrichtung beachten:** Unfreundliches Benehmen einer Kollegin lässt das gesamte Team in einem schlechteren Licht erscheinen.
- **Zeitnah entschuldigen:** sollte sich doch einmal ein gereizter Ton eingeschlichen haben.

## Ruhig Blut! – Wie erreicht man Gelassenheit?

Gelassenheit ist eine Geisteshaltung, nach der sich viele sehnen. In Berufen mit ständigem Kontakt zu anderen Menschen macht Gelassenheit viele Situationen leichter. Teams, die anstrengende Zeiten durchleben, berichten in der Supervision, dass es ihnen schwer fällt, sich nicht gegenseitig hochzuschaukeln. Jeder einzelne geht schnell in Resonanz mit aufgeregten oder ärgerlichen Kollegen, und so gerät das gesamte Team in eine emotional leicht ansprechbare Verfassung.

**Fallbeispiel**

Vier Erziehrinnen und Erzieher finden sich zu einer Supervisionssitzung ein. Alle haben lange Berufserfahrung und beklagen trotzdem eine Veränderung in ihrem Verhalten, die sie für ungünstig halten. Ein Kollege bringt die Sache auf den Punkt: „Wir stehen so unter Dampf, dass jede kleine Kritik uns mächtig trifft. Viel zu lange ziehen wir uns daran hoch. Wenn die Eltern schon längst vergessen haben, was der Streitpunkt war, sprechen wir noch immer darüber. Wir legen jedes Wort auf die Goldwaage; so waren wir doch früher nicht."

### Analyse

Der Verlust von Gelassenheit ist ein Zeichen dafür, dass etwas nicht stimmt. Meist handelt es sich dabei um schleichende Entwicklungen. Es kann daran liegen, dass ein Team sich zu wenig mit seinen Stärken beschäftigt hat und dadurch überempfindlich für Kritik geworden ist. Auch eine erhöhte Stressbelastung durch viele Konflikte oder hohe Fluktuation kann eine Ursache sein. Das Team wird emotional stärker ansprechbar. Dies wiederum führt zu einem veränderten Gesprächsverhalten, unmerklich wandelt sich die Gesprächskultur in der Einrichtung. Die Eltern bemerken diese Entwicklung und kritisieren das Verhalten der Erzieherinnen. Das Team wird dadurch noch stärker beansprucht, entfernt sich immer weiter von einer entspannten Grundhaltung. Ein Teufelskreis beginnt.

## Arbeitspsychologischer Hintergrund

Erhöhte Emotionalität ist ein Symptom für eine Gruppe von Menschen, denen etwas fehlt. Der Verlust von Gelassenheit deutet immer auf eine Überlastung hin. Mangelnde Ausgeglichenheit verändert den Kontakt zu Kindern und Eltern und hat Einfluss auf die Gesprächskultur. Bemerkt ein Team, dass es sich zu schnell in Unruhe versetzen lässt, ist ein Gegensteuern angezeigt. Zum einen sollten zeitnah Aktionen der Teampflege eingeplant werden – als erste Hilfe. Das Team überlegt gemeinsam, wonach es sich sehnt, was im Moment gut tun würde. Die Frage lautet: Was muss ich für mich tun, um in einer Verfassung zu sein, für andere etwas zu tun? Diese Wünsche verdienen hohe Priorität und sollten schnell umgesetzt werden. Zum anderen gilt es, Ursachenforschung zu betreiben. Wo liegen die Ursachen für die Belastung? Wie könnte Abhilfe geschaffen werden? Auch diese Punkte sollten zeitnah angegangen werden. So ist zum Beispiel ein Konzeptionstag, an dem in Ruhe die Verfassung des Teams besprochen werden kann, eine sinnvolle Reaktion. Auch das Gespräch mit dem Träger oder Vorstand kann sinnvoll sein, wenn dieser entlastende Strategien, wie zum Beispiel eine Teamsupervision oder eine Aushilfskraft, bewilligen kann. Mit wachsender Entlastung nimmt die Gelassenheit wieder zu.

Anders verhält es sich bei Menschen, die aufgrund ihrer Persönlichkeit relativ rasch aus der Ruhe zu bringen sind. Treffen in einem Team mehrere solcher Persönlichkeiten aufeinander, oder kommt es zu schwierigen Situationen zwischen einem wenig gelassenen Teammitglied und Eltern, können Gespräche leicht eskalieren. In diesen Fällen ist nach der Selbsterkenntnis die Arbeit am eigenen Verhalten gefragt. Kommt eine Erzieherin zu dem Ergebnis, dass sie durch ihr Verhalten dazu beiträgt, das Team in Unruhe zu versetzen, kann sie alternative Verhaltensweisen ausprobieren und die Kolleginnen bitten, sie dabei zu unterstützen. Ein solches alternatives Verhaltensmuster besteht zum Beispiel in einer Kritiksituation darin, die Kritik ruhig aufzunehmen und erst gründlich zu überlegen, bevor dem Gesprächspartner geantwortet wird.

Die Stimmung der Leitung ist prägend für das Team. Bemerkt die Leitungskraft an sich selbst einen Mangel an Gelassenheit, ist es Zeit, dagegen anzugehen. Andernfalls ist eine „Ansteckungsgefahr" für den Rest des Teams gegeben.

## Checkliste

- **Zeichen richtig deuten:** Erhöhte emotionale Ansprechbarkeit ist ein Zeichen dafür, dass etwas nicht stimmt. Ursachenforschung ist dringend angeraten.
- **Schnell reagieren:** Als erste Hilfemaßnahme in Überlastungssituationen Teampflege betreiben, außerdem Ursachen beseitigen.
- **Aktiv werden:** Probleme nicht verdrängen, da es zu einem Teufelskreis kommen kann.
- **Reflexion betreiben:** Liegt die Ursache in der Persönlichkeit begründet, ist Selbstdisziplin gefragt. Wird nicht gegengesteuert, kommt es zu Unruhe, die die gesamte Einrichtung erfassen kann.
- **Den eigenen Einfluss nutzen**

## Sonderfall Elterninitiative

In Elterninitiativen besteht eine sehr viel stärkere Beteiligung der Eltern als in kommunalen Kindertageseinrichtungen oder in Kindergärten der Freien Wohlfahrtsverbände. Ist das Verhältnis zwischen Vorstand, Elternschaft und Team gut, können alle Seiten von dieser engen Vernetzung profitieren. Wechselnde Vorstände und Eltern, deren Vorstellungen nicht mit denen des Teams harmonieren, können den Gesprächsaufwand größer und belastender werden lassen.

## Interview

**A. H.:** Wie ist in Ihren Einrichtungen das Verhältnis zwischen Eltern und Team?

**Leitung J.:** Ich habe wirklich Glück. Wir hatten größere Schwierigkeiten mit einer Mitarbeiterin im letzen Jahr. In dieser Situation stand der Vorstand auf meiner Seite und hat mir sehr den Rücken gestärkt. Bestimmt hat dabei geholfen, dass zwei der Vorstände selbst auch Führungserfahrung haben. Als sie das Ausmaß meiner Belastung mitbekamen, haben sie Geld für eine Leitungssupervision zur Verfügung gestellt und mir ihr Vertrauen ausgesprochen. Das hat mir viel Kraft gegeben.

**Leitung B.:** Unsere Eltern sind unheimlich engagiert. Leider müssen wir Erzieherinnen manchmal in die undankbare Rolle der Bremser springen. Sonst würden die Eltern voller Eifer Aktionen ins Leben rufen, die nicht in unser pädagogisches Konzept passen. Zum Beispiel legen wir in unserer Einrichtung viel Wert auf freies Spiel, manche Eltern neigen jedoch ein wenig zu Aktivismus und verlangen stets von uns gesteuerte Inputs. In anderen Fällen dagegen haben wir einfach nicht die Zeit oder das entsprechende Personalkontingent, um gute Vorschläge umzusetzen. Es hat schon ein paar Mal tüchtig gekracht. Die Eltern haben uns vorgeworfen, wir wären nicht bereit, neue Dinge auszuprobieren und mit der Zeit zu gehen. Wir waren verletzt, und es gab hitzige Diskussionen beim letzten Elternabend. Besonders in Elterninitiativen ist es sehr wichtig, die Interessen der Eltern zu berücksichtigen; wir stimmen uns gemeinsam ab, pädagogisch behalten wir als Profis das letzte Wort.

## Analyse

Dieses kurze Interview illustriert entgegengesetzte Pole, zwischen denen sich die Lage in Elterninitiativen bewegen kann. Durch die

Doppelrolle Arbeitgeber/Kunde werden hohe Erwartungen in der Elternschaft geweckt. Hier sind beide Parteien gefragt, sich um einen möglichst sachlichen Diskussionsstil zu bemühen.

Was ist besonders wichtig für eine funktionierende Gesprächskultur in Elterninitiativen? Was sollte das Team beachten, was muss von den Eltern kommen?

## Arbeitspsychologischer Hintergrund

Haben sich die Fronten zwischen Team und Eltern verhärtet und kommt es, wie von Frau B. geschildert, zu Anschuldigungen, ist es besonders wichtig, eine Eskalation und weiterreichende Kränkungen zu vermeiden. Die Leitung spielt hierbei eine vermittelnde Rolle zwischen Team und Elternschaft. Sie ist Empfänger der Anliegen der Eltern und steuert den Abgleich mit der Fachlichkeit des Teams. Deuten die Eltern die Ablehnung eines Vorschlags fälschlich als Trägheit des Teams, kann die Leitung ihnen klar machen, dass dies nicht der Fall ist. Mit dem Team gemeinsam überlegt sie parallel, wie dieser Eindruck der Trägheit hatte entstehen können. Ist die Leitung persönlich zu stark involviert, empfiehlt sich das Hinzuziehen eins neutralen Dritten: Fachberater oder Supervisor.

Das Gesprächsklima wird partnerschaftlich und sachlich gestaltet. Treten Kränkungen im zwischenmenschlichen Bereich – auch als „Beziehungsebene“ bezeichnet – auf, müssen diese beseitigt werden, bevor das Sachthema weiterdiskutiert werden kann. Beispielsweise kann ein Team unglücklich sein, weil die Eltern mehr kritisieren als loben. In einem klärenden Gespräch kann daran erinnert werden, was das Team alles bereits gut gemeistert hat, und dass neben der Notwendigkeit, bestimmte Dinge zu verändern, das Bedürfnis des Teams nach Wertschätzung nicht vernachlässigt werden sollte. Ein hohes Maß an Bereitschaft zum Perspektivenwechsel und zur gegenseitigen Wertschätzung trägt zu einem Gelingen in Elterninitiativen bei. Sowohl Elternschaft als auch Team tut es gut, in regelmäßigen Abständen – einmal im Quartal könnte als Richtwert sinnvoll sein – zu überprüfen, ob es Quellen der Unzufriedenheit gibt, und diese auszuräumen, bevor Ärger chronisch geworden ist. Alle Aspekte der Gesprächskultur werden darauf ausgerichtet, das gute Verhältnis zwischen Team und Eltern aufrechtzuerhalten. Hiermit ist nicht eine bedingungslose Unterwerfung unter den Elternwillen gemeint, sondern die Ausrichtung auf ein faires, partnerschaftliches und konstruktives Miteinander. Oft reichen zwei bis drei Supervisionssitzungen aus, um ungeklärte Dinge zu bearbeiten. Um die Reibungsverluste bei Vorstandswechseln zu vermeiden, werden Verfahrensanweisungen aufgestellt, die anfangs für jeden neuen Vorstand bindend sind.

Das Team geht interessiert und offen auf die Wünsche der Eltern ein. Den Eltern wird für Anregungen gedankt, unabhängig davon, ob sie umsetzbar sind oder nicht. Auch das schriftliche Festhalten der Wünsche und eine nachfolgende Information an die Eltern, wie und warum eine Entscheidung gefallen ist, zeugen von respektvollem Umgang miteinander. Müssen Wünsche unerfüllt bleiben, ist der Begründung der Ablehnung besondere Aufmerksamkeit zu schenken. (→ Kap. „Was tun, wenn nichts mehr geht?“)

## Checkliste

- **Werte leben:** Gesprächskultur ist von der Bereitschaft zu Perspektivenwechsel und gegenseitigem Respekt geprägt. Das Team kann von sich aus viel initiieren, darf aber auch fordern, wenn die Eltern ihren Teil der Verantwortung für ein gelungenes Miteinander nicht übernehmen.
- **Psychohygiene betreiben:** Unzufriedenheiten schnell ausräumen, bevor Ärger chronisch wird. In frühen Stadien lassen sich Konflikte deutlich leichter bearbeiten, da die Emotionen noch nicht so intensiv sind.
- **Elternwünschen offen und interessiert begegnen:** Bei Ablehnung von Elternwünschen ausführliche Begründung erstellen, um den Eindruck mangelnden Interesses zu vermeiden und Respekt zu bezeugen.

- **Kränkungen vermeiden:** Regelmäßige präventive Überprüfung der beiderseitigen Zufriedenheit wirkt konfliktvermeidend.
- **Neutralen Vermittler hinzuziehen:** Ist eine Situation verfahren und die Emotionen kochen hoch, kann ein neutraler Dritter die Moderatorenrolle übernehmen.
- **Regeln vereinbaren:** Bei länger dauernden oder stark ausgeprägten Konflikten zwischen Vorstand und Leitung Regeln für das Miteinander oder bestimmte Abläufe vereinbaren. Gemeinsame Supervisionssitzungen, der Blick des Unbeteiligten, können zur Situationsklärung beitragen.

## Kein Anschluss unter dieser Nummer – Eltern, die schwer erreichbar sind

Voraussetzung zu einem Elterngespräch ist die Ansprechbarkeit. Bei einigen Familien ist es manchmal schwierig, Gesprächsgelegenheiten und -bereitschaft der Eltern herzustellen. Auch Sprachbarrieren können ein ungewolltes Problem bedeuten.

### Fallbeispiel

Die Eltern von Sarah leben getrennt. Oft wird Sarah von der Oma, der großen Schwester oder der Freundin des Vaters gebracht. Beim Abholen kommt die Mutter, Frau N., nur bis zur Tür der Einrichtung. Von sich aus sucht Frau N. kein Gespräch mit den Erzieherinnen. An Elternabenden nimmt die Familie nicht teil.

Die Eltern von Bülent sprechen beide kaum Deutsch. Ist ein Gespräch in der Kindertageseinrichtung anberaumt, erscheinen die Eltern, wirken etwas verschüchtert und fast schuldbewusst, suchen darüber hinaus keinen Kontakt zu den Erzieherinnen. Auch an Veranstaltungen der Einrichtung nehmen sie nicht teil.

Das Team hat sich als Qualitätsstandard einen engen Elternkontakt auf die Fahnen geschrieben und ist von der Notwendigkeit dieser zentralen Zusammenarbeit überzeugt. Was tun?

## Analyse

Je gesicherter die sozialen Verhältnisse der Familien, desto höher ist in aller Regel das Interesse der Eltern am Engagement in der Einrichtung. Dies ist ein soziales Phänomen, das bedauerlich sein mag, aber zu akzeptieren ist. Trotzdem sollten alle Bemühungen aufrechterhalten werden, um mit Frau N. und den weiteren Bezugspersonen von Sarah in Kontakt und im Gespräch zu bleiben.

Anders liegt der Fall von Bülents Familie. Es gibt interkulturelle Unterschiede in der Wertigkeit, die der vorschulischen Erziehung beigemessen wird. Hinzu kommen Sprachbarrieren, für deren Bewältigung in Deutschland als Einwanderungsland noch immer zu wenig Hilfsstrukturen existieren. Mittlerweile gibt es in vielen Bundesländern gute Konzepte, die helfen, Sprachbarrieren zu überbrücken und die Deutschkenntnisse von Migrantenfamilien zu stärken.

## Arbeitpsychologischer Hintergrund

In beiden Fällen ist es empfehlenswert, immer wieder Kontaktangebote zu machen und diese Bemühungen zum Wohle der Kinder auch nicht abzubrechen, sollte sich ein Erfolg nicht einstellen. Treffen die Erzieherinnen auf die Eltern, gehen sie aktiv auf sie zu. Schon ein „Guten Tag, Frau X, wie geht es Ihnen? Sehen Sie mal, was Ihr Kind heute gemacht hat“, kann in kleinschrittigem Vorgehen den Kontakt einleiten.

Eine problembeladene Familie wie die von Sarah hat im Moment andere Prioritäten als die enge Kooperation mit den Erzieherinnen. Vermutlich spielen existenzielle Probleme, zu wenig Geld, Sicherheit, ein Mangel an Bewältigungsstrategien eine so große Rolle, dass die Familie froh ist, die Verantwortung für das Kind vermeintlich mit ihm zusammen im Kindergarten abgeben zu können.

Bei interkulturellen und sprachlichen Barrieren ist der Informationsaustausch das entscheidende Werkzeug zu einem besseren Verständnis der jeweils anderen Weltsicht. Manchmal helfen ältere Geschwister, indem sie die Rolle des Dolmetschers übernehmen. Doch dabei handelt es sich eher um eine Verlegenheitslösung und kann zu einer Überforderung des übersetzenden Kindes führen. Es gerät in einen Rollenkonflikt und bekommt Dinge mit, die normalerweise zwischen Erzieherinnen und Eltern bleiben würden. Die Eltern in ihrer Muttersprache anzusprechen, kann die Kontaktaufnahme erleichtern. So gibt es zum Beispiel im Erzieherinnenkalender des Beltz Verlages einen Anhang, in dem hilfreiche, alltägliche Redewendungen mit Aussprechhilfe in sieben wichtigen Fremdsprachen zu finden sind.

Das Netz von vermittelnden bzw. übersetzenden Hilfsangeboten ist in Deutschland noch nicht ausreichend ausgebildet. In größeren Städten ist es hilfreich, nach Institutionen zu suchen, in denen zweisprachige Mitarbeiter zur Verfügung stehen. Binationale Vereine und Institutionen bieten Hilfen und Sprachkurse an. Hier empfiehlt sich der Blick ins Internet unter den Suchbegriffen: Name der eigenen Stadt, MigrantInnenorganisationen, oder: Name der eigenen Stadt, Hilfen für ausländische Mitbürger.

## Checkliste

- **Nicht aufgeben:** Kommunikationsbemühungen zum Wohle der Kinder auch bei wenig Resonanz nicht einstellen.
- **Respekt für Unterschiedlichkeit zeigen:** Verständnis für die andere Lebensrealität der Eltern entwickeln. Über eigene Auslandsaufenthalte, mit Literatur über die Kultur eines bestimmten Landes sowie Vorträgen von kulturübergrei-

fenden Einrichtungen können Informationen gesammelt werden.

- **Erklärungen suchen:** Vermeintliche Interesselosigkeit mancher Eltern nicht übel nehmen; meist hat sie nachvollziehbare Gründe.
- **Nicht nach absoluter Qualität streben:** Jeweils die bestmögliche Qualität suchen, die die aktuelle Situation zulässt, um auf einer realistischen Erwartungshaltung aufzubauen.
- **Infrastruktur nutzen:** Gibt es in der Nähe Institutionen, die Hilfestellungen bei sozialen Problemen oder Sprachbarrieren geben können?
- **Auf Gegebenheiten reagieren:** Für Kindertageseinrichtungen mit hohem Anteil einer bestimmten Einwanderernationalität könnte der Träger die Kosten eines Sprachkompaktkurses übernehmen. Ein Übersetzer im eigenen Haus macht vieles einfacher.
- **Routineabläufe standardisiert anpassen:** Für Informationen, die immer wieder in einer bestimmten Fremdsprache benötigt werden, kann sich der Aufwand einer Übersetzung lohnen.

## Von der Schwierigkeit, Eltern zu motivieren, Hilfestellungen für ihr Kind in Anspruch zu nehmen

### Interview ?!

Dieses Gespräch fand in der Mittagspause bei einer Fortbildung statt:

**Frau W., Erzieherin:** Man glaubt gar nicht, wie viele Eltern nicht mehr bereit sind, ihren Anteil an der Verantwortung für die Erziehung ihrer Kinder zu übernehmen. Immer wieder werden Kinder bei mir angemeldet, die auch mit über drei Jahren mehrfach täglich in die Hose machen. Die Eltern erwarten dann, dass die Einrichtung die Kinder trocken bekommt. Selber haben sie ein, zwei Versuche unternommen und dann die Bemühungen eingestellt. Es ist ja auch viel bequemer, wenn sich jemand anderes darum kümmert.

**Frau P., Leitung:** Dazu fehlt uns doch der entsprechende Personalschlüssel. Das können wir bei den Gruppengrößen gar nicht leisten. Da bedeutet jedes Kind, das noch nicht trocken ist, einen spürbaren Mehraufwand. In meiner Gruppe war ein Junge von Anfang an auffällig. Er fand seinen Platz in der Gruppe nicht und war aggressiv. Schnell wurde er zum Außenseiter, und wir mussten reagieren. Wir haben dann zum Elterngespräch gebeten und die Eltern waren zwar bestürzt, haben aber das Thema „klein geredet", um sich nicht mit den unangenehmen Gefühlen des elterlichen Scheiterns auseinander setzen zu müssen. Die Probleme mit ihrem Sohn haben wir weiterhin, und dem Kind ist mit diesem Verhalten auch nicht geholfen. Die Entscheidung gegen eine Erziehungsberatung steht bei den Eltern aber fest.

## Analyse

Die Erzieherinnen beklagen die Diskrepanz zwischen (zu) hoher Erwartungshaltung der Eltern an die Kindertageseinrichtungen und der sinkenden Bereitschaft, eigene Erziehungsarbeit zu leisten. Erziehungsverantwortung wird hier in einem erhöhten Maß von den Familien auf die Erzieherinnen verlagert.

Kennen Sie die Probleme der Kolleginnen? Wo übernehmen Eltern ihre Aufgaben nicht? Gibt es Blockadehaltungen bei der Annahme von Hilfsangeboten? Woran kann das liegen?

## Arbeitspsychologischer Hintergrund

Sind Menschen mit einer schwierigen Situation konfrontiert, für die sie keine einfache Bewältigungsstrategie haben, geraten sie in Stress. Die menschliche Psyche hat verschiedene Reaktionsweisen zur Verfügung, um den Stress in schwierigen Situationen nicht zu groß werden zu lassen: Die betroffene Person redet sich ein, das Problem wäre gar nicht so schlimm, wie im obigen Beispiel – die vorgeschlagene Erziehungsberatung wäre gar nicht notwendig, weil ein Eingeständnis zu viel Ego-Stress bereiten würde.

Dieses Verhalten ist zwar im ersten Moment stressmindernd für die Eltern. Die Entlastung besteht aber nur vorübergehend, da die Reaktion nichts zur Bewältigung des ursprünglichen Erziehungsproblems beiträgt. Die Belastung wird von den Eltern auf das Kind, die Erzieherinnen und alle Menschen, denen der schwierige Sohn begegnet, verlagert. Wie kann man Eltern auffordern, sich ihrer Erziehungsverantwortung zu stellen? Drei Erzieherinnen tauschen sich im folgenden Gespräch über ihre Strategien aus.

## Interview ?!

**Ariane W.:** Ich bin da relativ konfrontierend. Ich mache den Eltern die Rechnung auf, wie viele Kinder auf eine Erzieherin kommen, und dass wir mit unserem Budget nicht in der Lage sind, eine Rundumerziehung zu bieten. Wichtig ist mir in einem solchen Gespräch, auf all die Aspekte hinzuweisen, die wir den Eltern bieten, und zu betonen, dass Familien und Einrichtung mit vereinten Kräften an einem Strang ziehen müssen. Einer alleine kann nicht alles leisten.

**Christa L.:** Im Prinzip machen wir das genau so. Aber bei unseren Eltern muss man schon sehr vorsichtig formulieren. Ansonsten machen die Eltern schnell dicht. Ich versuche dann immer, den Eltern goldene Brücken zu bauen und sage: In dieser Situation ist es natürlich verlockend, erst einmal nichts zu unternehmen und zu hoffen, dass alles sich von selber erledigt. Aber ich kann ihnen mit aller Deutlichkeit sagen, dass das nicht funktionieren wird. Damit zeige ich Verständnis, versuche aber gleichzeitig, das Verleugnen des Handlungsdruckes zu verhindern.

**Wolfgang M.:** Man muss sich auch der eigenen Grenzen als Erzieher bewusst werden. In letzter Konsequenz liegt die Entscheidung bei den Eltern. Wir können zwar Argumente liefern; aber wenn die Eltern das Problem absolut nicht sehen wollen oder sehen können, stoßen wir an unsere Grenzen in unserer Rolle. Baut man im Gespräch zu starken Druck auf, gehen die Eltern in den Widerstand.

*Frau W. und Frau L. nicken zustimmend.*

**Ariane W.:** Aber es kann auch nicht sein, dass andere darunter leiden, wenn die Eltern zu bequem sind.

**Wolfgang M.:** Sicher. Aber das Problem hat man in allen Lebensbereichen. Es wird immer Leute geben, die unangenehme Dinge auf andere abwälzen wollen. Wenn diese Menschen in der Kundenposition sind, muss man sich sehr um eine harmonische Lösung bemühen.

**Ariane W.:** Zum Glück sind es ja trotzdem nur Ausnahmen, in denen es so schwierig ist. Die meisten Eltern sind ja bemüht, alles für ihre Kinder richtig zu machen.

Den Eltern, die ihre Aufgaben auf die Erzieherinnen abzuwälzen versuchen oder wichtige Hilfsangebote nicht wahrnehmen wollen, müssen Grenzen gesetzt werden, wenn die Konsequenzen ihres Verhaltens zur Belastung für das eigene Kind oder die Menschen in seiner Nähe werden. Doch Erwachsene lassen sich nur ungern von anderen Menschen Grenzen setzen. Noch dazu, wenn es bequemer ist, diese Grenzen zu ignorieren. Bei dieser Grenzziehung darf die Beziehung zu den Eltern so wenig wie möglich belastet werden. Bricht der Kontakt aufgrund eines solchen Gespräches ab, ist dem Kind nicht geholfen.

## Interview ?!

Herr W., Leiter einer Kindertageseinrichtung, spricht mit einem Vater über die Notwendigkeit, eine Erziehungsberatung in Anspruch zu nehmen. Diesem Gespräch sind bereits zwei Unterhaltungen vorausgegangen, die das aggressive Verhalten des Sohnes Dominic zum Thema hatten.

**Herr W.:** Schön, dass Sie heute kommen konnten. Bei unserem letzten Gespräch vor vier Wochen hatten wir vereinbart, dass wir engmaschig das Verhalten von Dominic beobachten wollen. Wie läuft es denn zuhause?

Der Vater berichtet, dass seine Frau weiterhin mit den Widerständen des Sohnes zu kämpfen hat.

**Herr W.:** Wie Sie die Situation schildern, stimmen unsere Beobachtungen überein. Auch hier bei uns haben Dominics Aggressionen eher zu- als abgenommen. Haben Sie mit Ihrer Frau über meinen Vorschlag, eine Erziehungsberatung in Anspruch zu nehmen, gesprochen?

Der Vater führt eine Reihe von Argumenten an, weshalb dieser Schritt für die Familie nicht in Frage kommt.

**Herr W.:** Wissen Sie, vielen Eltern kommt es im ersten Augenblick wie das Eingeständnis eines elterlichen Scheiterns vor, wenn ich das Thema Beratung anspreche. Aus der Erfahrung kann ich Ihnen sagen, dass im Nachhinein alle Familien sehr von der Beratung profitierten und froh waren, sich dafür entschieden zu haben. Es gibt Entwicklungsverläufe bei Kindern, die ohne elterliches Versagen in eine nicht erwünschte Richtung verlaufen. Und die wachsen sich nicht einfach aus. Wenn nicht frühzeitig gegengesteuert wird, kommt es nach Schwierigkeiten im Kindergarten zu Problemen in der Schule, und das ist für jedes Kind eine schwierige Situation. Die Entscheidung liegt natürlich bei Ihnen und Ihrer Frau, aus meiner fachlichen Perspektive kann ich Ihnen nur dazu raten.

## Checkliste

- **Grenzen setzen:** Wollen Eltern Familienaufgaben auf die Erzieherinnen übertragen, möglichst früh im Gesprächsverlauf klar sagen, was verhandelbar ist und was nicht.
- **Übertriebenes Harmoniestreben ablegen:** Keine Angst davor, einer klare Stellung zu beziehen.
- **Einfluss auf die Entscheidung der Eltern realistisch einschätzen:** Jede Erzieherin kann verständlich ihre Meinung formulieren, die Entscheidung jedoch treffen die Eltern. Der Einfluss der Erzieherinnen ist also begrenzt, dies gilt es zu akzeptieren. Im Gespräch klar die Konsequenzen erwähnen, wenn Hilfsangebote nicht angenommen werden sollten.
- **Einwände vorwegnehmen:** Verleugnungsversuchen der Eltern durch gezielte Gesprächsführung begegnen.
- **Nachdruck richtig dosieren:** Zu viel Druck im Gespräch führt zu Widerständen. Ob Argumente Wirkung zeigen, kann einige Tage dauern.

## Was tun, wenn nichts mehr geht?

Mit Eltern sind bereits mehrere Gespräche gelaufen, alle konstruktiven Lösungsversuche sind gescheitert. Die Situation spitzt sich zu. Was ist in solch einer Ausnahmesituation zu tun?

## Fallbeispiel

Herr F. wird in den Vorstand einer Elterninitiative gewählt, wenngleich das Team den Kontakt mit ihm von Anfang an schwierig fand. Er neigt zu unsachlichen Diskussionen, macht alle möglichen und unmöglichen Themen zu einem Machtspiel, wird persönlich und trägt die Konflikte nach der Sitzung lautstark auf dem Flur aus. Es sind bereits drei Gespräche erfolglos gewesen, in denen das Team um eine sachlichere Form der Auseinandersetzung gebeten hatte. Die Leitung hat angesprochen, dass diese Art der Kommunikation für Unfrieden sorgt und betont, dass Team und Vorstand im selben Boot sitzen, leider vergeblich... In der letzten Woche gab es wiederholt Ärger, weil Herr F. der Meinung war, sein Kind komme zu kurz. Der Erzieherin, die seinen Unmut abbekam, war es gelungen, sehr professionell zu reagieren. Sie ist ruhig geblieben und hat versucht, die Argumente des Vaters sachlich zu beantworten. All ihre Versuche, dem Vater zu erklären, dass seine Forderung nicht umgesetzt werden kann, finden bei ihm kein Gehör. Herr F. hat die Erzieherin bei diesem Gespräch direkt und persönlich angegriffen, ihre Kompetenz und Motivation auf eine sehr abwertende Weise in Zweifel gestellt. Anschließend saß sie völlig aufgelöst im Büro, da Herr F. sie persönlich beleidigt hatte.

## Analyse

Solche Aggressionsattacken gefährden das friedliche Miteinander in der Einrichtung. Wenn sachliche Gespräche nicht mehr möglich sind, ist der Zeitpunkt gekommen, den Sinn einer weiteren Zusammenarbeit in Frage zu stellen.

## Arbeitspsychologischer Hintergrund

Es handelt sich hier um einen Härtefall. Haben alle Gesprächsversuche nicht gefruchtet, ist der Zeitpunkt für eine Trennung gekommen. Sowohl in der Rolle als Vorstandsmitglied als auch in der Rolle als Kunde hat Herr F. seinen Anteil der Verantwortung für ein funktionierendes Miteinander nicht übernommen – im Gegenteil. So kam es in der Elterninitiative zu einer folgerichtigen Entwicklung.

## Fallbeispiel

Die Leitung legt Herrn F. nahe, seinen Vorstandsposten aufzugeben und sein Kind aus der Einrichtung zu nehmen. Die anderen Vorstandsmitglieder haben diese Entscheidung unterstützt. Diesem Schritt ging eine Diskussion voraus, in der alle Beteiligten relativ schnell zu dem Ergebnis gekommen waren, dass ein weiterer Gesprächsversuch wenig erfolgversprechend sein würde. Eines der Vorstandsmitglieder hat dieses Ergebnis dem Vater in einem persönlichen Gespräch mitgeteilt. Schriftlich erging dann im Namen des Vorstandes, der Leitung und des Teams die Bitte, das Kind nach den Sommerferien nicht wieder in die Einrichtung zu bringen.

Fehlt die Basis für eine konstruktive Zusammenarbeit, ist es für alle Beteiligten sinnvoller, sich zu trennen. Sowohl Team als auch die Leitung in diesem Fallbeispiel fühlten sich noch einige Wochen nach ihrer Entscheidung erschöpft durch diesen Konflikt. Alle waren sich jedoch einig, dass die Trennung die richtige Entscheidung war. Persönliche Beleidigungen sind im Rahmen einer erfolgreichen Gesprächskultur nicht tragbar. Wenn Meinungsverschiedenheiten rein aus Machtgründen ausgetragen werden und nicht das eigentliche Thema im Vordergrund steht, wird eine Konfliktsituation zur Belastung für den reibungslosen Alltag.

Wann wächst sich eine schwierige Situation zum Härtefall aus? Wann ist der Zeitpunkt der Trennung gekommen? In diesem Selbsttest finden Sie eine Reihe von Kriterien, die Ihnen die Entscheidung erleichtern. Bitte beantworten Sie folgende Fragen mit ja oder nein:

- Existiert das Problem schon länger?
- Haben mindestens drei vorangegangene Gespräche nicht gefruchtet?

- Entsteht durch diese ungeklärte Situation eine Belastung für Team und/oder Kinder?
- Gab es in den Gesprächen persönliche Anschuldigungen und Beleidigungen?
- Hat ein Teammitglied Angst vor der am Konflikt beteiligten Person?
- Ist die Basis für eine weitere Zusammenarbeit unwiederbringlich zerstört?

Jede mit Ja beantwortete Frage ist ein Hinweis auf einen Härtefall. Je mehr Kriterien für einen Härtefall gegeben sind, desto größer ist die Notwendigkeit, zu handeln. Sind Sie sich unsicher, wie Sie die Sache angehen sollen, wenden Sie sich an Ihre Fachberatung und/oder an einen Supervisor. Warten Sie nicht ab – das Problem wird sich vermutlich nicht von selbst erledigen.

## Checkliste

- **Zeitpunkt für eine Trennung erkennen:** Sind alle konstruktiven Lösungsversuche gescheitert, ist Mut zur Trennung gefragt. Gibt es keine Basis mehr für eine vertrauensvolle Zusammenarbeit, machen weitere Gesprächsversuche keinen Sinn.
- **Mitarbeiterinnen schützen:** Persönliche Beleidigungen sind inakzeptabel. Hier ist es wichtig, eine Nulltoleranzpolitik zum Schutz der Mitarbeiterschaft zu leben, das heißt, bei jedwedem persönlichen Angriff direkt zu erklären, dass dieses Verhalten nicht erwünscht ist.
- **Leitung schützen:** Chronische Machtkämpfe mit der Leitung sind nicht zu tolerieren. Sie stören den Frieden in der Einrichtung und ziehen Kraft von den eigentlichen Aufgaben ab.
- **Rückenstärkung des Teams durch den Vorstand erwirken:** Der Vorstand kann Leitung und Team auf dem eingeschla-

genen Weg unterstützen und gegebenenfalls Gelder für Beratung zur Verfügung stellen.

- **Burn-out-Gefahr beachten:** Unbewältigte Probleme, die über längere Zeit bestehen, können zur Erschöpfung führen – von Qualitätseinbußen einmal abgesehen. Bei hoher Belastung nach Ausgleich suchen und Problemlösungen zügig angehen.
- **Supervision nutzen:** Supervision kann helfen, die Belastung zu reduzieren.
- **Auf Selbststeuerung der Elternschaft vertrauen:** Keine Angst vor Allianzen in der Elternschaft; der Großteil der Familien wird Unfrieden in diesem Ausmaß nicht akzeptieren.

## Vom Nutzen des Nörgelns …

### Fallbeispiel

Die Eltern hatten sich ein Frühlingsfest gewünscht. Sehr kurzfristig und trotz einer knappen Personaldecke stellt das Team ein schönes Fest auf die Beine. Die Stimmung ist gut. Dennoch gibt es Eltern, die ohne Lob für das Gesamtarrangement Punkte anmerken, die ihnen verbesserungsbedürftig erschienen. Es geht darum, andere Lieder zu singen und um das Speisenangebot. Für das Team ist es ärgerlich, wenn trotz großer Flexibilität und Kundenorientierung das Gefühl entsteht, es nie gut genug gemacht zu haben. Das Team beklagt, dass ein Ungleichgewicht zwischen eigener Leistung und Wertschätzung der Eltern existiert.

## Analyse

Aus Erfahrung weiß jeder, wie frustrierend es ist, wenn immer wieder nach dem sprichwörtlichen Haar in der Suppe gesucht wird. Neben tatsächlicher Unzufriedenheit, ob berechtigt oder auch nicht, gibt es eine Reihe von Motiven, die Menschen nörgeln lassen. Das Phänomen des Nörgelns hat einen tieferen Nutzen. Hier eine Auflistung dieser verborgenen Vorteile: Der Gesprächspartner hat schlechte Laune und lässt diese am anderen aus. Es handelt sich um chronisch unzufriedene Menschen, denen es jeder schwer recht machen kann. Wer meckert, auf den wird reagiert. Manche Menschen mit einem großen Zuwendungsbedürfnis haben den Weg der Beschwerde für sich entdeckt. Unbewusst, oder auch bewusst, ist ihnen klar, dass in einer kundenorientierten Umwelt einer Beschwerde und somit auch dem Beschwerdeführer Aufmerksamkeit geschenkt wird. Ein weiterer Nutzen des Nörgelns liegt in der Selbsterhöhung. Indem jemand die Leistung eines anderen schlecht macht, erhöht er im Vergleich dazu seine eigene Wertigkeit. Nach dem Motto: Ich habe die Schwäche des anderen bemerkt und dies auch reklamiert. Besonders Menschen, die selbst oft von anderen schlecht gemacht werden, zeigen im Ausgleich dieses Verhalten.

Ein Team, das durch Kritik geschwächt ist, ist ein weniger durchsetzungsstarkes Team. In diesem Tatbestand liegt ein weiterer Vorteil des Nörgelns. Ist der Gesprächspartner erst einmal mürbe gemacht, fällt in der Folge die Durchsetzung der eigenen Ansprüche leichter. Und: Gemeinsames Nörgeln schafft Nähe. In einer Elternschaft, die nicht besonders viele Gemeinsamkeiten hat, ist ein gemeinsamer „Gegner" ein verbindendes Element. Die Klage schweißt zusammen und gibt gleichzeitig ein gutes Gefühl. Kritik ist in all diesen Beispielen Mittel zum Zweck. Es geht nicht um die Sache, sondern fast jedes Thema kann aufgegriffen werden, wenn es nur seinen, häufig erst auf den zweiten Blick zu erkennenden Zweck erfüllt.

Wie ist der Unterschied zwischen wirklicher Unzufriedenheit und solch „rituellem Nörgeln" zu erkennen? Eine große Häufigkeit und ein jeweils nichtiger Anlass für Beschwerden sind sichere Zeichen dafür, dass es sich nicht um wirkliche Unzufriedenheit handelt. Was kann man dagegen tun? Freundlich antworten, weiterhin Interesse zeigen und ruhig reagieren führt zu einer professionellen

Gesprächssituation, ohne die Beziehung zu den Eltern zu belasten. Ansonsten besteht die Gefahr, dass eine wirkliche Unzufriedenheit übersehen wird. Eine entsprechende Antwort könnte folgendermaßen lauten: „Frau Meier, wir sind immer interessiert an der Meinung der Eltern. Und für Verbesserungsvorschläge sind wir dankbar. Sie haben noch gar nicht gesagt, was Ihnen an dem Frühlingsfest gefallen hat. Das würde uns natürlich auch interessieren." Nur bei einem Übermaß an destruktiver Energie ist es notwendig, Grenzen aufzuzeigen. Wird zu sehr auf bestimmten Personen herumgehackt, gilt es, diese zu schützen.

Wo vermuten Sie in Ihrer Einrichtung einen verborgenen Nutzen von Klagen?

## Checkliste

**Situation analysieren:** Am Anfang steht die Unterscheidung zwischen echter und vorgeschobener Unzufriedenheit. Echter Unzufriedenheit muss mit großer Aufmerksamkeit begegnet werden.

**Anzeichen für rituelles Nörgeln erkennen:** Unwichtiger Anlass, hohe Häufigkeit, Defizite wie mangelnde Aufmerksamkeit, Ego, Nähe beim Gesprächspartner sind Anzeichen.

**Ventilfunktion nutzen:** Den rituell Nörgelnden ist dieses menschliche Ventil zu gönnen. Wenn es zu viel wird, Grenzen setzen.

**Eigenes Verhalten reflektieren:** Lohnend ist ein Blick auf die Gewohnheiten des Teams. Wird hier rituell genörgelt? Wenn ja, was fehlt dem Team?

## Was zählt, ist die innere Haltung

### Interview ?¿!

Drei Erzieher schildern zum Abschluss, was sie für gute Gespräche mit Eltern für unverzichtbar halten:

**Frau P.:** Ich bin mit den Jahren gelassener geworden. Früher habe ich mich oft aufgeregt, heute mache ich mir klar, dass das Feedback über den Sender mindestens so viel aussagt wie über den Empfänger. Damit will ich sagen, dass man nicht jede Äußerung auf die Goldwaage legen sollte. Meine Gesprächspartner nehme ich ernst, und überlege immer, wie die Situation für sie aussieht und warum sie die Dinge so sagen, wie sie sie eben sagen. Wenn man etwas inneren Abstand findet, kann man Gespräche viel besser steuern.

**Herr W.:** Es gibt einen engen Zusammenhang zwischen einem gesunden Selbstbewusstsein und dem eigenen Verhalten im Gespräch. Wenn ich mir meiner Stärken bewusst bin, gelingt es dem anderen nicht mehr so leicht, mich aus der Ruhe zu bringen, und wir begegnen uns im Gespräch auf gleicher Augenhöhe. Mein Tipp: sich der eigenen Leistung bewusst werden! Das hat Einfluss auf die Gesprächskultur, ohne direkt im Gespräch stattzufinden.

**Frau G.:** Ich finde es wichtig, im Gespräch auch immer zu überprüfen, was für einen selber wichtig ist. Habe ich in dem Moment genügend Ruhe für das Thema? Sind mein Gesprächspartner und ich entspannt genug für ein gutes Gespräch? Wo endet meine Verpflichtung, über schwieriges Verhalten hinwegsehen zu müssen. Das alles bekommt man nur mit, wenn man das Tempo aus der Situation nimmt und sich erlaubt, eine Gesprächssituation zu schaffen, in der das Thema auch optimal besprochen werden kann. Bloß keine schweren Themen zwischen Tür und Angel!

# Literaturtipps

Fred Bernitzke/Peter Schlegel: Das Handbuch der Elternarbeit. Bildungsverlag Eins, Troisdorf 2004

Adam Cash: Psychologie für Dummies. Mitp-Verlag, Landsberg 2005

Stefan Czypionka: Umgang mit schwierigen Partnern. Ueberreuter, Wien 2002

Mimi Donaldson/C. Michael: Erfolgreich Verhandeln für Dummies. Mitp Verlag, Landsberg 2005

Hans Dusolt: Elternarbeit. Beltz, Weinheim/Basel 2001

ErzieherInnenkalender 2006. Beltz, Weinheim/Basel 2005

Anne Huth: Führungskultur. Beltz, Weinheim/Basel 2006

Gerline Knisel-Scheuring: Interkulturelle Elterngespräche. Kaufmann 2002

Jochen Korte: Mit den Eltern an einem Strang ziehen. Auer, Heidelberg 2004

Eva-Maria Leupold: Handbuch der Gesprächsführung. Herder, Freiburg, Wien, Basel 1995

Rudi Neuland: Der Gegenschrei. Managerseminare Verlag Bonn 1999

Ludger Pesch/Verena Sommerfeld: Beschwerdemanagement. Beltz, Weinheim/Basel 2002

Johannes Schopp: Eltern stärken. Budrich, 2005

Friedemann Schulz von Thun: Miteinander Reden Bd. 1 und 2. Rowohlt Taschenbuch Verlag, Reinbek bei Hamburg 1981

Rainer Strätz/Helga Demandewitz: Beobachten und Dokumentieren in Tageseinrichtungen für Kinder. Beltz, Weinheim/Basel 2005

Günter Stürmer: Basiswissen Kita. Neue Elternarbeit. Herder, Freiburg 2003

Christoph Thomann: Klärungshilfe Konflikte im Beruf. Rowohlt, Reinbek bei Hamburg 2003

Michaela Ulich/Pamela Oberhuemer/Monika Soltendieck: Die Welt trifft sich im Kindergarten. Beltz, Weinheim/Basel 2005

Paul Watzlawick/J.H. Beaven: Menschliche Kommunikation. Huber, Bern-Stuttgart 2000